Secretos del Estoicismo

Descubra la Filosofía Estoica y el Arte de la Felicidad; ¡Aumente sus Emociones y la Vida Cotidiana Moderna Siguiendo esta Guía para Principiantes Adecuada para Emprendedores!

Por Marcos Romero

Tabla de Contenido

Tabla de Contenido
Introducción
Capítulo 1: Historia del Estoicismo
Capítulo 2: Antecedentes del Estoicismo
Capítulo 3: Los Primeros Dos Topoi

    Lógica
    Física

Capítulo 4: El Tercer Topoi (Ética)
Capítulo 5: La Apatheia y el Tratamiento Estoico de las Emociones
Capítulo 6: El Estoicismo Después de la Era Helenística
Capítulo 7: El Estoicismo Contemporáneo
Capítulo 8: Ejercicios Espirituales Estoicos
Capítulo 9: El Estoicismo es Ideal para el Mundo Real
Capítulo 10: Controle sus Emociones para Encontrar la Paz Interior
Capítulo 11: Maneras de Manejar la Ira Usando el Estoicismo
Capítulo 12: Entender Cómo y Por Qué Surge la Ira
Capítulo 13: Filosofía Estoica e Ira
Capítulo 14: El Estoicismo Revela Rituales que le Harán Sentir Seguro
Capítulo 15: Filosofía Estoica y Sabiduría Antigua en el Mundo Moderno
Capítulo 16: Las Cuatro Virtudes Cardinales
Capítulo 17: Incorporación de la Filosofía Estoica en la Vida Cotidiana

    Cómo Practicar el Estoicismo

Capítulo 18: Creciendo Estoico (Educación Filosófica para el Carácter, la Persistencia y el Valor)
Conclusión

Introducción

Muchas gracias por elegirnos para compartir nuestros conocimientos con usted sobre el estoicismo. Si el estoicismo fuera un árbol, lo cortaríamos, usaríamos sus raíces y hojas para hacer medicinas, sus ramas para hacer hermosos bancos para sentarnos mientras disfrutamos de sus frutos. Gracias a Dios no lo es, no sea que seamos acusados de deforestación, pero de todos modos prometemos compartir este "árbol" con usted. El objetivo de este libro es dejarle con un conocimiento subyacente del estoicismo, cómo ayudó a las personas en la antigüedad y cómo puede ayudarle en el mundo de hoy.

En este libro, cubriremos lo siguiente:
- La historia del estoicismo
- Los antecedentes del estoicismo
- Los dos primeros topoi; la lógica y la física
- El tercer topoi; la ética
- La apatheia y el tratamiento estoico de las emociones
- Los estoicos después de la era helenística
- Estoicismo contemporáneo

El estoicismo es una forma de vida que inclina a las personas a actuar con modestia y ser de buen carácter. Como recompensa, fueron bendecidos no solo con fortuna y riqueza, sino también con felicidad. Dicho esto, espero que cuando complete este libro, haya decidido si el estoicismo es la forma de vida correcta o no. Este libro debería abrirle los ojos a si el estoicismo es una farsa o si es una filosofía que todavía funciona en la sociedad moderna. Abróchese los cinturones de seguridad ya que estamos a punto de embarcarnos en un largo "viaje estadístico", ya que no planeamos dejar ninguna piedra sin remover.

Capítulo 1: Historia del Estoicismo

El estoicismo es una filosofía que permite a las personas existir de la mejor manera posible. Se utiliza para ayudar a las personas a disminuir las emociones negativas, aumentar las positivas y ayudarlas a pulir su valor intrínseco. El estoicismo proporciona formas prácticas de cosechar más de lo que era necesario. El estoicismo no es complicado y, en su simplicidad, allana el camino para encontrar formas prácticas de encontrar serenidad y promover los atributos positivos de una persona.

El estoicismo proviene de la prehistoria de Grecia y Roma a principios del siglo III a. C. En aquel entonces, la gente pensaba de manera diferente a la gente de hoy. Su principal preocupación era evitar la pobreza, y esto los hizo comportarse, pensar y tomar decisiones orientadas a prevenir eso. Es de gran importancia notar que eran conscientes de que evitar la pobreza no era un boleto a la felicidad. A pesar de que su objetivo principal era evitar la pobreza, también tenían como objetivo comprender las formas de tener un alma brillante. El estoicismo se hizo famoso porque daba respuestas al miedo, la ansiedad y el estrés. También proporcionó soluciones para las pruebas del día a día.

Esta filosofía alentó los buenos comportamientos para obtener mejores experiencias de vida. Las personas trabajaron para tener buenos comportamientos para la recompensa de una vida mejor y evitar comportamientos negativos, ya que pagar por eso era una vida desafiante con problemas. En resumen, el estoicismo era una forma de vida antigua que enseñaba a las personas cómo vivir de una manera particular. Se centró en tener buenos comportamientos para reducir la negatividad y aumentar la satisfacción. Esta filosofía ha sido probada por famosos filósofos como Tom Brady, Thomas Jefferson, George Washington y muchos otros. El estoicismo podría haber comenzado hace mucho tiempo, pero hoy es tan relevante como lo fue entonces. ¿Cuál era el objetivo del estoicismo? Fue creado para ser simple de entender, fácil de actuar y ser útil en nuestras vidas.

Los estoicos fueron un grupo de filósofos que formaron la filosofía estoica. Veamos algunos de los estoicos que contribuyeron a esta gran filosofía.

- **Marco Aurelio**

Marco fue una persona notable e influyente en la historia de los seres humanos. Durante dos décadas, fue el jefe del Imperio Romano. Fue durante su reinado que Roma era la parte más civilizada del mundo. ¿Mencioné que era un ser humano notable? Por supuesto, la historia ha registrado horas extras sobre cómo Marco nunca abusó de su poder, sino que vivió el estilo de vida estoico. Sus escritos sobre cómo luchó para vivir como un ser humano honorable fueron descubiertos y publicados como Meditaciones. Sus escritos lo convirtieron en el mejor ejemplo de cómo el estoicismo ayuda a las personas a lidiar con las tensiones cotidianas. Marco Aurelio vivió la vida estoica como un ser humano bueno y sabio.

- **Lucio Anneo Séneca**

Lucio era un dramaturgo, escritor y estadista. Sus carreras le dieron una buena comprensión de las palabras y un carisma real. Explicó el estoicismo y de manera memorable. Sus escritos son el mejor comienzo para que alguien comience el viaje de la filosofía. Sus pensamientos resuenan fácilmente con el mundo moderno de hoy debido a los ejemplos prácticos dados sobre el altruismo, la amistad, la mortalidad y la gestión del tiempo.

Capítulo 2: Antecedentes del Estoicismo

Los eruditos de hoy solo reconocen tres fases del estoicismo: el Stoa temprano, el Stoa medio y el Stoa tardío. Por supuesto, el estoicismo también fue una modificación de las antiguas escuelas de pensamiento. Su influencia fue extensa incluso después del cierre de las escuelas filosóficas en 529 E.C. por el emperador bizantino Justiniano I.

Antecedentes Filosóficos

El estoicismo, al ser un eudaimónico helenístico, obtiene su influencia de las antiguas escuelas de pensamiento, pero al mismo tiempo, es abiertamente crítico para algunas de sus ideologías. Las escuelas de pensamiento que precedieron al estoicismo son:

- Aristotelismo
- Platonismo
- Cinismo
- Escepticismo
- Epicureísmo

Eudaimonia era una palabra que representaba felicidad y florecimiento. Para los grecorromanos, la eudaimonia a menudo representaba buenas virtudes morales. El estoicismo se destacó por su contexto diferente de alguna escuela de pensamientos de la época con la misma ideología. Por ejemplo, Euthydemus, afirma que solo hay cuatro buenas virtudes, y todo lo demás no es ni malo ni bueno. Según McBrayer, los atributos son coraje, templanza, justicia y sabiduría. Para Aristóteles, las virtudes eran doce, y todas eran importantes pero no adecuadas para la eudaimonia. Aristóteles también explicó que tanto el esfuerzo como la suerte contribuyen significativamente a una vida floreciente.

El contraste más significativo se ve en los Cínicos, donde estuvo de acuerdo con Sócrates en que lo único bueno era una virtud, pero no estaba de acuerdo con las adiciones de Aristóteles que las calificaba como distracciones. Los Cínicos predicaron una vida simple que es difícil de practicar. Afirmaron que la virtud era el único bien y que cosas como la educación, la salud o la riqueza pueden o no ser preferidas. Los aristotélicos, por otro lado, predicaban aristocrática, lo que explicaba que la eudaimonia no se podía lograr sin algunos privilegios.

Estoicismo Griego

Los exponentes del estoicismo vinieron del Mediterráneo oriental. El estoicismo era socrático, e incluso los estoicos aceptaron esa etiqueta. Zenón obtuvo su información de las cajas cínicas, los escritos de Epicteto y sus maestros Estilpón y Polemo. Zenón estableció los tres topoi lógica, física y ética. Zenón de Tarso y Diógenes de Babilonia fueron los principales jefes de Stoa durante mucho tiempo, a pesar de que sus contribuciones no fueron significativas.

En 155 a. C., tres directores de las escuelas importantes de Atenas fueron a Roma por razones diplomáticas. Al público romano le encantaron sus actuaciones públicas, y al mismo tiempo, rozaron a una élite romana por el camino equivocado, y esto generó tensión entre políticos y filósofos. Entre finales del siglo II a.E.C y a principios del siglo I a.E.C, los estoicos renovaron su relación con la Academia. Poisonous y Panaetius buscaron un acuerdo entre el estoicismo, el academismo y el aristotelismo. Este movimiento trajo el éxito del estoicismo.

Estoicismo Romano

Entre 88 y 86 a.E.C., Ateniense, Peripatético y Epicúreo Ariston dirigieron la política en Atenas. En el 92 a.E.C., Roma derrotó a Mitrídates, y como Atenas los apoyaba, también fue derrotado. Hizo que los filósofos escaparan a diferentes lugares del Mediterráneo. Los estoicos emularon a Catón el Joven por su oposición a Julio César. A finales del siglo primero, Arrio y Tarso eran las figuras estoicas. En el período imperial, los estoicos más excelentes fueron Epicteto, Musonio Rufo y Marco Aurelio.

Entre la República Tardía y el Imperio, obtenemos el estoicismo de algunas fuentes, como los libros de Cicerón y la literatura de Diógenes Laercio. Algunos estoicos fueron perseguidos por asesinato o exilio durante los reinados de Vespasiano, Nerón y

Domiciano. Séneca se suicidó siguiendo las órdenes de Nerón, y Epicteto se exilió. Según Gill, Epicteto era estricto mientras Marco estaba abierto.

Debate con otra Escuela Helenística

La escuela de filosofía helenística evolucionó debido al diálogo entre los filósofos. El diálogo trajo consigo la revisión o adopción de nuevas ideologías de otras escuelas. La discusión fue entre el Epicureísmo, el Platonismo, el Cinismo y el Aristotelismo. Veamos algunos ejemplos para ver cómo la revisión y la adopción contribuyeron a esta evolución. Epicteto no estaba de acuerdo con los epicúreos en su preocupación por el dolor y el placer. Por ejemplo, los Discursos 1.2.3 están todos en contra de Epicuro. Epicteto incluso sugiere que Epicuro está confundido y le aconseja que se retire. Epicteto también atacó a los escépticos diciéndoles que siguen demostrando que están equivocados todos los días y que nunca se rinden. De todos modos, no todos los estoicos estaban en contra de Epicúreo y Académico.

Cicerón insinuó el desacuerdo entre aristotélicos y estoicos en su libro "De Finibus". También tenemos ejemplos documentados de cambios en la opinión de los estoicos debido al desafío de otras escuelas. Un buen ejemplo es cuando Filópator adoptó la posición modificada del determinismo debido a las críticas de los Peripatéticos. Las ideas estoicas también fueron incluidas por otras escuelas como Antíoco de Ascalón, quien afirmó que las ideas de Zenón estaban incrustadas en Platón. También debemos notar que el estoicismo evolucionó en el cristianismo a través del platonismo medio.

Capítulo 3: Los Primeros Dos Topoi

Lógica

Una parte esencial de la filosofía estoica son los dos temas. Muestra esa ética en el centro y respaldada por la física y la lógica. La ética, la física y la lógica forman el estoicismo de tres topoi. Echemos un vistazo más de cerca a la lógica como nuestro primer topoi.

Hubo contribuciones tempranas de los estoicos sobre la lógica, y tenemos escritos para respaldar eso. Los estoicos declararon que su figura ideal, Sabio, podía alcanzar un conocimiento impecable, pero confiaba en el progreso moral y cognitivo en la práctica. Fue porque la física y la lógica están relacionadas con la ética y trabaja para su servicio. Esta idea se llamó "prokope", y trajo una disputa con los escépticos académicos. Los estoicos no declararon que toda parodia fuera realmente como los epicúreos. Acordaron que algunos eran "catalepticos" mientras que otros no. Diógenes explicó mejor las diferencias en VII.46. Afirmó que el cataléptico proviene de algo existente, mientras que el no cataléptico proviene de no vivir.

Los estoicos estuvieron de acuerdo en que alguien podría tener una percepción errónea, ya sea en forma de sueño o alucinaciones, pero al mismo tiempo, afirmaron que con el entrenamiento adecuado, alguien podría distinguir entre cataléptico y no cataléptico. Crisipo dijo que las impresiones son esenciales para absorber porque al hacerlo, acumulamos ideas que nos ayudan a formar conceptos y progresar. Debemos tener en cuenta que el cataléptico no es un conocimiento moderado. La impresión de los estoicos era entre aprensión, opinión y educación. Un ascenso de impacto cataléptico aporta experiencia. Los estoicos apoyaban una visión de justificación y, por lo tanto, una teoría de la verdad como la de O'Connor.

Hankinson comentó sobre la disputa de escépticos y estoicos académicos. Aquí, encontramos crecimiento estoico debido a la presión externa. Cicerón nos hace saber que Zenón sabía que una impresión podría surgir de algo existente y no existente. Puede que no haya resuelto la disputa, pero mejoró el crecimiento estoico en su impresión de que nunca pueden existir dos o más cosas que sean exactamente similares. Frede también trajo crecimiento a este punto de vista de que la impresión cataléptica se vuelve clara no por ninguna característica interna sino por los elementos externos. Según Frede, el estoico es más "externalista" que "internalista". Las críticas de los escépticos mostraron evidencia de que confiaban en el conocimiento (Goldman 94).

Ateneo cuenta una historia sobre Esfero, quien fue estudiante y colega de Cleanthes y Chrysippus, respectivamente. Se le mostró un banquete de pájaros de cera y fue acusado de dar su consentimiento a las falsas impresiones cuando trató de elegir una. Esfero fue inteligente, y respondió que dio permiso a la propuesta de pensar que eran reales pero no a la afirmación real de que eran pájaros reales. La lógica estoica distingue entre "asertivos" y "dichos". Los "dichos" son imperativos, cuestionan juramentos, maldiciones, invocaciones, y también incluye "asertivo". Los "asertivos", por otro lado, son "dichos" que nos ayudan a hacer declaraciones. La diferencia entre las proposiciones de Fregean y los "asertivos" estoicos es que el tiempo puede cambiar la verdad o el engaño de los "asertivos". Las preocupaciones de los estoicos se referían a la validez de sus argumentos y no a la lógica y la verdad. También usaron la lógica para proteger la ética e introdujeron la modalidad en esa lógica.

Física

Este topoi abarca la metafísica, la teología y las ciencias naturales del mundo de hoy. Echaremos un vistazo a cada uno de ellos individualmente.

En lo que respecta a la metafísica, eran deterministas. Según Cicerón, incluso si las circunstancias que rodean dos eventos son similares, no es imprescindible que los resultados sean similares, pero pueden serlo en el futuro incluso con los mismos factores a considerar. Los estoicos no incluyeron una oportunidad en su concepto, pero eso no significa que no lo pensaron. No, lo encontraron como un determinante de la ignorancia, y al igual que en el mundo de hoy, los eventos son simplemente eventos y no conocemos sus causas. En teología, los estoicos creían que había seres vivos y no vivos. Reconocieron los seres vivos, incluidos el alma y Dios, y los seres no vivos como el vacío y el tiempo. Puede contradecir su posición sobre el materialismo, pero para ser justos, es casi similar a los filósofos modernos que están de acuerdo en que se puede hablar del concepto abstracto porque somos los únicos que podemos juzgarnos físicamente.

Intentaron comprender la naturaleza a través de dos principios; los principios activos y pasivos: los logos, el activo y el pasivo que consiste en sustancia y materia. El principio activo no puede generarse ni destruirse, mientras que el principio pasivo en forma de aire, agua, fuego y tierra puede destruirse y crearse nuevamente. Según los estoicos, las conflagraciones cósmicas se replican de la misma manera debido a la naturaleza y no pueden cambiar. Muestra que los estoicos no estaban conscientes de Dios fuera del tiempo y el espacio porque razonaron que algo espiritual no podía actuar sobre las cosas, porque no tiene poderes subyacentes. De todo eso, White explica que produce una imagen biológica de la causa en lugar de una mecánica. Es considerablemente diferente de las filosofías después de la filosofía cartesiana y newtoniana.

Algunos modelos modernos también muestran un universo variado o idéntico pero eliminan la providencia. Eusebio fue citado por White, afirmando que el fuego es como una semilla que contiene el principio de todas las sustancias que causan sucesos pasados, presentes y futuros. Cicerón explica la teoría estoica en "De Fato" al comparar el destino con las causas predecesoras. Crisipo de Solos también argumentó que nunca hay un movimiento sin razón y relata que hay una causa para todo. Este concepto hizo que los estoicos adoptaran la adivinación, no una noción falsa, sino una subdivisión de la física. Los estoicos aceptaron que para que una persona prediga el futuro, no se ignoran las leyes, sino que se explotan.

Para la cosmología y las ciencias naturales, los seres humanos deben comprender la naturaleza y permitir que nos ayude a tener una vida eudaimónica. Para la ontología fundamental, los estoicos explicaron que los átomos degradaron el concepto de su unidad perfecta. Los efectos de la física sobre la ética son evidentes, y Cicerón los resume cuando dice que Crisipo se centró en la posición media en lo que podemos ver como una posición entre el libertarismo y el incompatibilismo en el mundo moderno. White y Spinoza quitaron el peso de la responsabilidad honorable a la dignidad y la autoestima.

Capítulo 4: El Tercer Topoi (Ética)

Este tercer topoi fue práctico. Siendo la ética el estudio de cómo las personas viven sus vidas, no fue fácil. Los primeros estoicos tenían un enfoque teórico. Cleanthes, Zenón y Crisipo sistematizaron y defendieron sus doctrinas de los críticos de los académicos escépticos y epicúreos. Concibieron la naturaleza humana como un animal social que traería justicia a las personas con respecto a su forma de vida: la oikeiosis, que era un concepto estoico también relacionado con esta idea. Para los estoicos, los seres humanos tienen instintos que pueden avanzar significativamente a medida que crecemos desde la infancia hasta la edad adulta: los estoicos asociaron estos instintos a la justicia, el coraje, la templanza y la sabiduría práctica. Perseguimos objetivos utilizando el coraje y la templanza, la justicia es una extensión de la preocupación por el aumento de personas en el mundo, y la sabiduría práctica nos da conocimiento sobre cómo manejar lo que encontramos en la vida.

Los estoicos aceptaron las cuatro virtudes y agregaron más en cada categoría. Un buen ejemplo es la sabiduría práctica que también incluía discreción y buen juicio. La templanza conllevaba honor propio, dignidad y autocontrol. El coraje consistía en confianza, perseverancia y magnanimidad. La justicia, por otro lado, estaba asociada con la piedad, la sociabilidad y la amabilidad. Crisipo también explicó la idea del pluralismo, y esto unificó más las virtudes y las hizo inseparables. Haddot trazó un paralelo diferente entre las virtudes, la topografía y la disciplina estoica, que consisten en acción, asentimiento y deseo. El deseo o la aceptación estoica consiste en aprender a aceptar solo las cosas que se encuentran en el universo y nada más allá de eso. El trabajo, que es la filantropía estoica, consiste en seres humanos que deben entrenarse para preocuparse por otros en el ejercicio de la justicia. La disciplina del asentimiento, también conocida como atención plena estoica, consiste en que los seres humanos deben saber cómo tomar decisiones sobre qué rechazar y aceptar en esta vida haciendo un juicio adecuado.

La ética trata de equilibrar la visión de los elitistas y el ascetismo. Explicó el punto de vista de los estoicos sobre lo que se prefiere y lo que no, como se explica en el libro sobre ética de Zenón. Zenón enseñó la diferencia en cosas con valor y sin valor. El primer grupo consistió en salud, educación y riqueza, mientras que el segundo consistió en pobreza, enfermedad e ignorancia. Este movimiento fue bueno y les permitió cosechar tanto de tanto de los peripatéticos como de los Cínicos. La conexión entre ética y física es que estudiar física influye en nuestra comprensión de la ética. Gregory Vlatos argumentó que la 'teocrácia' afecta nuestro concepto de la relación entre el orden del cosmos y la virtud. Es provocado por la física que informa la ética a través de una moda indeterminada. La ética tampoco está libre de física, ya que se puede entender directamente a través de ella. Muchos estoicos admiten la posición de Vlatos, pero algunos no tienen una postura clara sobre el asunto.

Por el mismo motivo, sería justo afirmar que los antiguos estoicos creían que había un dios representado por el principio racional que organizó el cosmos y que se distribuyó por todo el mundo de una manera que puede describirse como panteísta. También podemos argumentar que la metafísica estoica deja espacio para el átomo o Dios, que desarrollaron después de ser criticados por los epicúreos.

Capítulo 5: La Apatheia y el Tratamiento Estoico de las Emociones

En este capítulo, nos centraremos en las diferencias entre los epicúreos y los estoicos. Los Epicúreos señalan los diferentes lugares en los que los estoicos difieren de Garden; él le dice a Lucilio, que es su amigo, que no tiene ningún problema en tomar prestadas ideologías de Epicuro, siempre y cuando tenga sentido en ello. Él le dice que cruza la frontera como espía y no como desertor. Como habíamos dicho antes, los estoicos pensaban que lo esencial en esta vida es la virtud, mientras que los epicúreos sentían que era vivir moderadamente y evitar el dolor. De todos modos, la eudaimonia era algo que ambas escuelas defendían, y era similar a ambas. Para los estoicos, era la apatheia, mientras que para los epicúreos, era ataraxia. Sin embargo, era evidente que había algunas diferencias en los dos conceptos, especialmente en cómo las personas alcanzarían los diferentes estados.

Según Epicteto, la apateia es libertad de la pasión, y la ataraxia es tranquilidad. Es bueno explicar que 'pasión' no significa lo que sabemos en el mundo actual. Hoy la pasión tiene que ver con las emociones, pero según los estoicos, la pasión se dividió en saludable y no saludable. En insalubres, consistía en miedo, placer, dolor, ansia, mientras que en insalubres, había deleite, voluntad, discreción. Es bueno notar que el dolor no tenía un ítem positivo correspondiente. Para los estoicos, la pasión no son emociones y reacciones instintivas, sino consecuencias del juicio y la afirmación de algo. Los estoicos sabían que había reacciones que no podemos controlar y, por esa razón, se centraron en las respuestas que podemos controlar.

Para los estoicos, el dolor no es el dolor que sentimos, pero el acto de no evitar algo que sabemos es terrible. El miedo espera que ocurra algo terrible; anhelar es el acto de querer algo que llamamos bueno; placer es el acto de elegir algo que no vale la pena. Por otro lado, eupatheiai se produce evitando las cosas malas, un buen deseo de buena voluntad y la felicidad sobre el deleite. Todas estas son las razones por las que la apatheia nos compara en nuestras experiencias con lo que la vida nos arroja: si razonamos en esas experiencias, no nos preocuparemos por las cosas que no justifican nuestra preocupación y seremos felices en las cosas que nos preocupan.

Otra diferencia entre las dos escuelas de pensamiento es la ruta que toman para llegar a la apatheia y la ataraxia. Para los epicúreos, la ataraxia fue un logro que se obtuvo al evitar el dolor y mantenerse alejado de la vida política y social. Epicuro buscó amistades cercanas pero evitó extender aún más sus interacciones para evitar experimentar dolor físico y mental. Estoico tenía el objetivo de ejercer la virtud, y esto los convirtió en seres sociales. Marco Aurelio afirmó insistentemente en Meditaciones que necesitamos despertarnos todos los días por la mañana para ser útiles en nuestras sociedades. Hierocles explicó más el concepto de cosmopolitismo. Contaba cómo los seres humanos deben seguir la naturaleza y ser sociables mientras hacen juicios racionales. Podemos decir de manera concluyente que la apatheia no era un objetivo estoico sino un fruto de tener una vida virtuosa.

Capítulo 6: El Estoicismo Después de la Era Helenística

El estoicismo ha tenido una enorme influencia en el mundo moderno en la filosofía occidental; tan larga fue la lista de los filósofos afectados por el estoicismo como Kant, Adam Smith, Descartes, Tomás Moro, Rousseau, Leibniz y Agustín. Estos filósofos se ven afectados directamente, indirectamente o ambos. Durante el Renacimiento, la carta de Séneca y Enchiridion, ambos libros estoicos, se inclinaron hacia el estoicismo y fueron leídos ampliamente, por ejemplo, De Offissis por Cicerón. El cristianismo simpatizaba más con el estoicismo que con el epicureísmo. La elección de los epicúreos de apoyar el placer y el caos cósmico no podía mezclarse con las ideologías del cristianismo. El apoyo estoico al materialismo fue rechazado y muy criticado mientras aceptaban fácilmente Logos.

Los cristianos tienen sentimientos encontrados sobre el estoicismo. Agustín escribió palabras favorables, pero luego lo rechazó. Tertuliano apoyó el estoicismo y algo de Enchiridion. John y Pedro Abelardo también lo promovieron, mientras que Thomas fue muy crítico con él. Justo Lipsio revivió el estoicismo durante el Renacimiento. Fue un filólogo y humanista clásico que publicó ediciones de Tácito y Séneca. Explicó que los cristianos podrían encontrar ayuda del estoicismo cuando están en problemas, pero también señaló las ideologías en el estoicismo que son inaceptables en el cristianismo.

El neostoicismo tuvo una recepción mixta. Calvi era crítico con el "Novi estoico" incluso antes de que Justo lo hiciera, ya que quería el renacimiento de la apatheia. Sellars señala que un texto de Neostoicismo comenzó con un comentario de advertencia para detener la crítica aguda. El neoestoicismo no fue totalmente aceptado ya que su impacto proviene principalmente de Justo y quizás de alguna pequeña influencia de Montaigne. El filósofo esencial del mundo moderno que fue influenciado por el estoicismo es Spinoza. Leibniz lo acusó de ser un líder de secta con Descartes. Hay algunas similitudes entre la comprensión estoica del mundo y la de Spinoza. En ambos, tienen un Dios que controla la naturaleza y el universo. Bueno, los estoicos realmente entienden el cosmos como dual, pero al contradecir el concepto de Spinoza, los principios "pasivos" y "activos" de los estoicos se entrelazaron y produjeron una realidad unitaria.

Como Long nos muestra que la diferencia estaba en la comprensión de Spinoza de que Dios tiene atributos infinitos era contradictorio con el Dios finito de los estoicos. También señala que las similitudes son más si pensamos en términos de ética. Debido a esto, la ética de Spinoza es la misma que la de los estoicos. Con ese conocimiento, podemos ver otra diferencia en que Spinoza se negó a creer en una teleología oculta para este universo. Pensó que no hay Dios y que la naturaleza no tenía un objetivo. Para entender mejor, podemos tomar a Spinoza como la escalera que conduce al sistema estoico.

Por último, veremos la conexión entre Kant y los estoicos, especialmente el deber, que va más allá de las consecuencias de las acciones de una persona. Es Long quien señala las diferencias nuevamente, y Kant utilizó el razonamiento para hacer su sistema mientras que los estoicos eran naturales y puros de corazón. Esta diferencia también se encuentra en sistemas deontológicos y sistemas eudemonísticos como el de Kant y el Estoico. Solo recientemente quieren revivir el estoicismo como una filosofía moral realista.

Capítulo 7: El Estoicismo Contemporáneo

En el mundo de hoy, vemos avivamientos del estoicismo y la ética. Tales obras de algunos filósofos han revivido la ética de la virtud como una alternativa para los enfoques deontológicos. Según David Chalmers y David Bourget, su filosofía afirma que la deontología es el marco principal con un 26%, seguido de cerca por el consecuencialismo con un 24% y luego, rezagados, encontramos la ética de la virtud con una puntuación del 18% y otras posiciones que reciben menos apoyo. Es evidente que la ética no es un concurso de reconocimiento, pero los porcentajes anteriores muestran que el resurgimiento de la ética de la virtud en la filosofía y las biografías actuales ocurre a un ritmo constante. Específicamente, las obras de estoicismo son más pronunciadas y aparecen con un alto estándar. Algunos ejemplos son Inwood 2003, Brower 2014, Graver 2007, McGlynn 2009, Goodman 2012 y muchos más.

También podemos decir que el estoicismo está volviendo a sus raíces ya que los antiguos estoicos defendieron sus sistemas como una guía práctica para las experiencias de la vida cotidiana y no teórica. Epicteto no mordió sus palabras para tratar de ocultar su desprecio por las filosofías teóricas. Afirmó que las teorías nos enseñaron cómo examinar los argumentos y alcanzar las habilidades que las personas necesitan para evaluar la lógica, pero en realidad y practicidad, lo que decimos hoy como usuarios podría estar equivocado mañana. Podemos encontrar las raíces del estoicismo moderno en la logoterapia de Frankl y Albert Ellis. El estoicismo no es una terapia sino una filosofía, y algunos filósofos como John Sellars, Lawrence Barker y William Irvine dieron ejemplos del estoicismo del siglo XXI. Todos estos filósofos intentaron separar la denotación filosófica de "estoico" de la de Estoico como una palabra común en inglés que muestra a una persona que camina en esta vida con el labio superior rígido. A pesar de las diferencias, hay similitudes en ambos; Por ejemplo, ambos enfatizan la resistencia.

Becker e Irvine explicaron bien sus intentos de revivir el estoicismo para la sociedad moderna de hoy. Irvine contribuyó con que algunas cosas, como las acciones y nuestro juicio, dependen de nosotros, mientras que otras, como el pasado y los sucesos naturales de los que no tenemos control. También señaló que tenemos control parcial sobre varias otras cosas. Para explicar más sobre la filosofía de Irvine, podemos tomar un ejemplo de una pelota de béisbol. Para los resultados del juego de béisbol, tenemos control parcial; podemos jugar bien o mal e influir en los resultados, pero algunas variables en las que no tenemos control, como la imparcialidad del árbitro. En un juego así, tu objetivo no debería ser ganar, sino hacerlo lo mejor posible, ya que eso es sobre lo que tienes control.

Becker lo expuso mejor. Señala que hay diferencias entre el antiguo estoicismo y el moderno. Los intentos de Becker e Irvine de revivir el estoicismo estarán determinados por las filosofías futuras y el nacimiento de movimientos populares. Desde principios del siglo XXI, hemos visto un crecimiento significativo en ese movimiento. Tenemos varios blogs dedicados al estoicismo moderno, por ejemplo, Stoicism Today. También tenemos una aparición considerable de tales grupos en las redes sociales, por ejemplo, el Grupo de Estoicismo en Facebook.

Capítulo 8: Ejercicios Espirituales Estoicos

Práctica de Desgracia

No es fácil estar en la peor situación, por ejemplo, ser la persona más pobre para ser la persona más fea de la tierra. Los estoicos creen que puede suceder que te encuentres en tales desgracias y, por lo tanto, es imprescindible tener una experiencia o probar una situación con tales desgracias. Por ejemplo, cuando usted es un hombre rico, tómese unos días y asuma que no es rico sino pobre. Piense en el tipo de ropa que usan las personas pobres, el tipo de comida que comen y dónde duermen, entre otras dificultades que experimentan en su estado. Practique vivir como un hombre pobre pasando por las peores experiencias que atraviesa; no sienta la tentación de volver a sus riquezas antes de que terminen los días que has establecido para la práctica. Recuerde, no es imaginación; se trata de hacerlo y practicarlo.

Esta práctica es importante de vez en cuando, ya que hace que uno no sea esclavo de estar en una determinada condición o poseer una determinada propiedad. Te da la oportunidad de probar ambos lados de la vida y, por lo tanto, hacerte pasar por la vida sin el sentimiento de ansiedad y miedo causado por la incertidumbre de la vida; recuerda que el miedo y la ansiedad solo llegan cuando no sabes sobre el futuro, no se trata del pasado. La práctica, por lo tanto, debe ser sobre algo que temes que te pueda pasar; practique el uso de los peores escenarios.

Entrenar la Percepción para Evitar lo Bueno y lo Malo

La percepción del entrenamiento significa lo que sea que sea experimentado, siempre hay un lado bueno de ello. Los estoicos creen que cuando una persona se enfrenta a problemas, él o ella puede volcar la mala experiencia o el problema en una oportunidad para experimentar cosas buenas. Uno de los estoicos, Epicteto, dijo que cada hombre tiene recursos dentro de él o ella que pueden ayudarlo a enfrentar cualquier desafío. Por ejemplo, cuando uno pasa por una experiencia dolorosa, él o ella desarrolla resistencia; una característica que se requiere puede ser en el futuro.

A veces estamos decepcionados por la participación de los eventos, que drena mucha energía de nuestros cuerpos; en este caso, pierdes y te manchas mental y físicamente. En lugar de pasar por todas estas experiencias extenuantes, es mejor aceptar la situación y todo lo que la rodea, y ejercer la virtud; al menos mejorarás después de la experiencia. No es fácil aceptar todo lo que trae decepciones, pero paso a paso acepta que todo sucede para que seas mejor, y solo tú aprovechas la oportunidad para crecer y disfrutar cada minuto de ello.

Aceptar la experiencia negativa y convertirla en una oportunidad tiene que ver con la percepción. La práctica estoica implica ir más allá de su primera percepción sobre un cierto acontecimiento; átelo para poder ver que las cosas son el problema. Por ejemplo, su madre muere cuando todavía eres un adolescente y, según tú, todavía la necesitabas porque todavía no has madurado lo suficiente como para cuidarte. Sin embargo, más allá de la pérdida, hay una oportunidad para que ahora se convierta en una persona madura y responsable. Por lo tanto, cuando experimente dificultades, siempre puede elegir la mejor opción que lo ayudará a convertirse en una mejor persona.

Recuerde – Todo es Efímero

Los estoicos no consideran que todo lo que poseen es más importante ni usan sus logros para verse grandes. Recuerde al amigo cercano o miembro de la familia que amaba mucho, le fue arrebatado: murió. Recuerde a las personas prominentes en el mundo, el fundador de la compañía Apple, los científicos que descubrieron las leyes científicas que todavía se usan en la actualidad; todos murieron a pesar de sus logros y prominencia. Esto significa que incluso con sus logros, usted es muy pequeño y su cuerpo y mente que usaste para obtener todo lo que le fue arrebatado. Los ricos en el mundo también mueren viviendo sus propiedades; usted no puede estar atado a sus posesiones para siempre. Esto significa que todo lo que tiene en la tierra no es suyo y, por lo tanto, solo considérelo prestado. Cuando tome prestado algo de un amigo, no lo guarde tanto; lo usa y lo devuelve al propietario. Del mismo modo, todas las cosas en la tierra deben considerarse prestadas y, por lo tanto, solo úselas cuando las tenga; no se aferre a ellos ni desarrolle un apego porque, en poco tiempo, puede perderlos todos.

Por lo tanto, es inútil sentir enojo por algo que le fue negado o algo que fue valioso para usted y destruido por otra persona. No lastime a los demás porque eres el hombre más rico del mundo, el político prominente o el famoso jugador de fútbol. No es nada o es muy pequeño, y en poco tiempo, puede perderlos, y su nombre solo se leerá en los libros. por lo tanto, es importante practicar que antes de lastimar a alguien o hacer algo impensable debido a una propiedad que tanto ama, recuerde que no todo es suyo, incluidos su cuerpo, amigos y familiares.

Tome la Vista Desde Arriba

A los estoicos les gusta mirar la vida desde una perspectiva más amplia, lo que se conoce como mirar desde arriba. Mirar desde arriba es estar en un lugar alto en el cielo y ver tantas cosas que están en su hábitat, que es la tierra. Solo puede tomar ese punto de vista si usted está fuera de este mundo, quiero decir, cuando está muerto. En ese estado, en la tierra, verá los animales, el agua en los lagos, océanos y ríos, suelos y plantaciones. Hay una variedad de creaciones, pero algunas están en extinción. Mirando la tierra, uno visualizaría a las personas que han pasado por el mismo mundo, aquellos que todavía están vivos en aquellos que estarán allí en los próximos años. Algunos nunca los ha visto, y aún así vive con ellos en el mismo mundo, y los que vivirán en los próximos años, nunca los verá. Mirando todo, se da cuenta de que debe haber un papel que jugó en la tierra, era grande o pequeño que no tuvo un impacto en la tierra y todas las cosas y los seres no vivos. No puede retroceder en los tiempos para revivir la vida que usted vivió antes de morir, por lo que tiene el impacto que siente que es lo suficientemente grande como para influir en la vida en la tierra. Esto significa que cuando ha vivido la vida, no hay necesidad de detenerse en lo que ya pasó; lo único que usted puede cambiar es la vida que está viviendo hoy y, por lo tanto, solo aprecia lo que se hizo en el pasado y apreciarlo.

Este ejercicio le ayuda a mirar las cosas desde una perspectiva más amplia y siempre lo usan quienes aspiran a vivir una vida mejor que la que vivieron en el pasado. El error que comete la mayoría de las personas es que cuando cometen un pequeño error, se detienen en él, olvidando que todavía tienen una vida por delante; los remordimientos solo lo empujan hacia atrás y, por lo tanto, solo se centran en las cosas más importantes que pueden cambiar su vida. El ejercicio y la práctica que le permiten mirar la vida sin llegar a una conclusión sobre su propia vida mirando el pasado; mírelo desde una perspectiva más amplia al apreciar primero lo que la vida le ofrece en el presente y aprovechar al máximo la oportunidad que tiene de ser feliz, lograr lo que pueda dentro del tiempo que le queda en la tierra.

También puede ver la vida desde una perspectiva más amplia al observar la desgracia de los demás. Todavía usted está vivo mientras otras personas están muertas, está sano mientras otros luchan por su vida en la máquina de salvar vidas. Es feliz con su cónyuge; aunque usted sea pobre, tenemos algunas personas que viven en una casa palaciega y, sin embargo, no conocen la paz. Puede que esté mirando su vida y piense que la suya es una vida miserable, pero cuando mira a otras personas, se dará cuenta de que la vida le ha dado mucho más de lo que merece y, por lo tanto, solo la aprecia y hace bien en ella.

Memento Mori (Medite sobre su Mortalidad)

Meditar sobre su mortalidad es recordarle que no vivirá para siempre, y nadie sabe el día en que morirá. Por lo tanto, cada día, usted debe meditar sobre su muerte como ahora. Si muriera en este momento, ¿cómo seré en términos de mis actos? Sin embargo, esto hace que uno piense en lo que dicen y lo que hacen en sus vidas. La meditación le recuerda que puede morir en cualquier momento y, por lo tanto, no pierda ningún minuto de su vida, úselo para hacer algo bueno y haga felices a otras personas.

Algunas personas critican este ejercicio diciendo que hace de la muerte el fin de todo y, sin embargo, no lo es. Sin embargo, no solo los que están a punto de morir se apresuran a hacer que la vida tenga un propósito y esté llena de cosas buenas. La práctica está destinada a recordar cosas buenas todos los días; por lo tanto, te ayuda a vivir la vida que deseas. Esta es una vida llena de bondad y satisfacción.

Pasó más tiempo con las personas que Dios le ha dado, haga lo que está posponiendo en este momento porque no está seguro del mañana. Este ejercicio también ayuda a administrar bien el tiempo y aprovechar las oportunidades que se nos brindan todo el tiempo.

¿Está Esto Bajo mi Control?

Nuestra felicidad está determinada por las cosas que podemos controlar y las que no podemos controlar. Es imperativo saber las cosas que están bajo su control y las que no. En la vida, las cosas que no podemos controlar son demasiadas de las que podemos controlar. Por ejemplo, no podemos controlar completamente lo que nos puede pasar, a las personas que nos rodean, y lo que hacen y dicen. No podemos controlar completamente la salud de nuestros cuerpos y nuestras preferencias, entre muchas otras cosas. Lo que controlamos es la forma en que pensamos y cómo percibimos las cosas que vemos, oímos y probamos. Por lo tanto, el secreto es que usted puede controlar nuestra felicidad cambiando la percepción de las cosas.

Si puede distinguir o identificar las cosas que puede controlar y las que no puede, entonces será más fácil vivir una vida libre de estrés. Cuando se enfrente a una situación, es bueno, por lo tanto, ejercitarse a través de una conversación con usted mismo, preguntándose si lo que está tratando está bajo su control o no. Por ejemplo, se está mudando a un nuevo vecindario y porque tendrá vecinos que llegaron allí antes que usted y aquellos que lo encontrarán allí. Por lo tanto, usted no tiene control sobre el rey del vecino que debería tener, y esto no debería preocuparle. Simplemente desarrolle una actitud positiva hacia los vecinos que tiene y los que pueda tener en el futuro e intente hacerles frente. Una vez más, no está completamente seguro de que adoptar la actitud correcta seguramente conducirá a un buen vecindario porque tiene una idea si notarán su esfuerzo y corresponderán. Por lo tanto, simplemente sé feliz de tener la actitud correcta, y el resto simplemente encajará.

Diario

El día siempre está lleno de muchas actividades, y algunas de las actividades son de naturaleza repetitiva. Te das cuenta de que si las actividades son repetitivas, si usted no mira de manera crítica la forma en que las haces, existe la posibilidad de que haga lo mismo una y otra vez, probablemente repitiendo los errores o haciéndolo incorrectamente todos los días. Algunas personas se preguntan por qué no crecen social, intelectual y económicamente. Esto se debe a que no tienen una rutina de llevar diarios de lo que han hecho durante el día.

El diario no solo debe incluir lo que ha hecho durante el día, sino también cómo lo ha hecho. El diario también debe mostrar una lista de las cosas buenas que ha hecho, y aquellas que cree que no ha hecho bien podrían recibir una descripción de cómo puede mejorar para mejorarlo. Mejorarse es esforzarse por ser una mejor persona todos los días y, por lo tanto, también se debe registrar su diario sobre cómo ha mejorado y dónde planea mejorar y cómo planea hacerlo.

Todo el registro en el diario lo ayuda a crecer. La parte de lo bueno que ha hecho le motiva; cuando usted hace algo bueno, trae energía positiva de su lado, dándole una fuerza de avance que le permitirá hacer más bien mañana y en el futuro. La parte de lo que no ha hecho bien indica que debe mejorar; brinda información sobre los aspectos específicos en los que se supone que debe mejorar. La reflexión sobre lo que no ha hecho bien proporciona un pensamiento crítico que brinda opciones sobre cómo mejorar y ayuda a evaluar las opciones para encontrar la mejor opción.

Tener este ejercicio al final de cada día es importante ya que motiva a un individuo a esforzarse por ser una mejor persona. También muestra el progreso a medida que la evaluación diaria ayuda a saber lo que ha logrado y lo que no. También actúa como una guía de lo que uno quiere lograr en el futuro.

Practique la Visualización Negativa

Se espera que todos sean positivos sobre el futuro y no piensen en resultados negativos. Se llama mantener energía positiva. Este no es el caso cuando se trata de estoicismo. El estoicismo permite que un individuo practique la visualización negativa porque no es todo lo que sería positivo, incluso si hubiera hecho todo bien. Este ejercicio ayuda a una persona a imaginar las cosas que podrían salir mal en el futuro y prepararse para ellas en caso de que sucedan. Este ejercicio comienza analizando los planes que tiene en el futuro y revisándolos uno por uno, y ensayando cómo se realizarían y los recursos necesarios. Las personas involucradas en los planes también deben ser consideradas y su disponibilidad; recuerde, si va a hacer un viaje largo usando un automóvil, el conductor de su automóvil puede enfermarse en el camino, incluso si ha tomado todas las precauciones y su cuerpo está en buenas condiciones. Además, las personas tienen sus planes, y cuando usted planea incluirlos en los suyos, su disponibilidad debe conformarse y planificarse, pero eso no significa que estarán allí para usted. Esto no significa que sus planes se detengan, siempre tenga una alternativa. Por lo tanto, debe ocuparse de las eventualidades teniendo otro conductor con usted.

Este ejercicio asegura que ponga todo en su lugar; alguien dijo que no planificar es planear fallar. No debe permitir que no lo encuentre; planifíquelo para que, si surge, tenga formas de evitarlo.

El fracaso también hace que las personas se sientan frustradas y, dependiendo de la personalidad y de lo grave que le haya afectado, puede tener un efecto en su salud mental; tener el control del futuro y el hecho negativo que se espera te hace tener el control del futuro.

Amor Fati (Ame Todo lo que Sucede)

A veces lamentamos o nos sentimos mal cuando algo sucede, y no está a nuestro favor. No es fácil controlar lo que sucede en el mundo; por lo tanto, es mejor adoptar la actitud de que lo que sucede es por una razón y cuando sucede, no se preocupe por cómo sucede; sé feliz, independientemente de si ha sucedido a tu favor o no. Las personas que practican el estoicismo se concentran solo en lo que pueden controlar y los eventos de cualquier cosa que no pueden controlar; lo dejan al destino. Cuando sucede algo que está fuera de control, es una realidad porque ya está hecho y, por lo tanto, aceptarlo es lo único que se puede hacer. Aceptarlo significa que no debería traer infelicidad a nadie y, en cambio, se supone que uno debe amarlo como es. La esencia de esta actitud es que, incluso si te vuelves infeliz, no hay nada que puedas hacer al respecto; no puede retroceder los tiempos para deshacer la acción, e incluso si lo hace, aún no puede hacerlo de manera diferente porque no tiene control sobre la situación.

Algunas cosas, que sucederán en el futuro, también exhiben las mismas características. Incluso si usted lucha con toda su energía, el destino seguirá siendo el mismo. Por lo tanto, no hay necesidad de esforzarse por ello. Por ejemplo, cuando va a una entrevista y está atrapado en el tráfico, no hay nada que pueda hacer si esa es la única ruta y medio de transporte al lugar de la entrevista. Incluso si camina, le llevará más horas y aún llegará tarde. Lo único es aceptar el hecho de que llegará tarde y rezar para que todo lo que suceda cuando llegue al lugar de la entrevista sea a su favor. Sin embargo, si no funciona a su favor, simplemente acéptelo como bueno y siéntase feliz nuevamente, porque no tiene control sobre la situación. Aferrarse al evento le hace miserable; las cosas pasan y pasan; por lo tanto, no es saludable apegarse a lo que quería que sucediera o a lo que le gusta.

Capítulo 9: El Estoicismo es Ideal para el Mundo Real

En los últimos capítulos, ya hemos tenido una visión profunda del estoicismo y cómo llegó a ser. Hemos analizado la historia y los antecedentes del estoicismo, sin olvidar el estoicismo griego y romano. Este capítulo se centra en la relación que el estoicismo tiene con el mundo real. Como hemos visto anteriormente, el estoicismo se refiere a la no exhibición de sentimientos incluso cuando se está pasando por tantas cosas.

Los estoicos en un intento por desarrollar una guía práctica para la vida cotidiana desarrollaron tres disciplinas mediante el uso de la ética, la física y la lógica. La lógica forma una base cuando se trata de pensar sano y hacer un buen juicio. Esta base es necesaria para decodificar los siguientes brazos. Pasamos a la física. La física implica la comprensión de la naturaleza humana, y la forma en que se compone el mundo es un elemento básico en un intento por asegurar cómo funciona el mundo. Cuando tenemos una base para esto, podemos llevar nuestras vidas de la mejor manera posible. ¿Qué se conoce como ética? La orientación se dividió en tres disciplinas, a saber, el asentimiento, el deseo y la acción. Estas fueron las obras de Epicteto. Aunque existen estas distinciones, las tres se casan entre sí.

Epicteto explica tres cosas con las que un hombre debe asociarse si quiere ser mentalmente apto. Lo que deseamos y lo que rechazamos. Esto está en un intento por garantizar que usted consiga lo que desea y no entres en lo que no quiere. Esto implica una vida cuidadosa. En segundo lugar, viene la locomoción. Así es como se mueve un individuo. Implica no caer en la imprudencia. Por lo tanto, tenga cuidado en lo que haga. El tercero es el del asentimiento. El asentimiento implica no mostrar tus emociones incluso en el peor de los eventos.

El Asentimiento como una Disciplina

La disciplina conocida como asentimiento corresponde con la lógica. La disciplina tiene el efecto de crear una distinción entre el comportamiento de los seres humanos de la razón y los animales. Esto se debe a que implica el proceso de búsqueda pura de conocimiento, que a menudo lleva a adquirirlo y luego decodificar el conocimiento. Según los estoicos, los seres humanos obtienen conocimiento de lo que pudieron haber experimentado en el pasado. Además, compran de la escuela de pensamiento que, como seres sociales de la naturaleza, tenemos algunos conceptos predeterminados innatos que miden nuestro comportamiento moral. Antes de otorgar o negar algo, usamos la razón para emitir un juicio. Este juicio a menudo es el resultado de asentir a algo o no hacerlo. Esto también se ha denominado frenosis. La frenosis se refiere al proceso por el cual un individuo puede emplear la sabiduría práctica en sus actividades cotidianas. Esto implica tomar la decisión correcta siempre que sea necesario. Hoy en día, el acto de usar la sabiduría práctica se puede denominar como conciencia, La atención plena implica tomar la decisión correcta siempre que sea necesario.

Nos encontramos con varios eventos en nuestras vidas, y lo que nos preocupa no es el evento sino la forma en que respondemos al evento. Toma, por ejemplo; alguien hace algo mal con usted. Se inclinará a responder de la manera que desee. Aunque hay que tener en cuenta que cada respuesta tiene una consecuencia. Su mente como herramienta es lo que decide lo que sucede a lo largo de su día. Su mente será la razón por la que participa en diversas actividades y por qué responde a varios estímulos de la manera en que lo hace. Las consecuencias de sus acciones siempre le seguirán por el camino. Esta disciplina se relaciona con los pensamientos correctos y la implicación de la razón para guiarse.

La disciplina del asentimiento se manifiesta de varias maneras en nuestras vidas. Tomemos, por ejemplo, que está conduciendo por el callejón, y una camioneta viene y golpea su parachoques y luego se aleja rápidamente. Su primera reacción hacia el incidente será detenerse de emergencia. Luego maldecirá al conductor que estaba en la camioneta mientras se aleja. Cuando escuchó el golpe en la parte trasera de su vehículo, se detuvo abruptamente. Esto es lo que se conoce como el uso de las emociones de manera correcta. Estaba conmocionado porque las cosas no estaban en su estado actual y, por lo tanto, decidió detenerse y asegurarse. Cuando descansó seguro de que estabas a salvo, la sensación de enojo surgió como lo muestran las desagradables disputas que dejó salir hacia el conductot . La ira llega como resultado de usar las emociones de manera incorrecta. Los eventos ya han tenido lugar, y no hay necesidad de que se enoje en este punto.

La ira solo le servirá como una desventaja porque usted será emocional y, por lo tanto, fácil de cometer errores. La ira puede hacerle afectar más accidentes. Los estoicos relacionaban el pensamiento según la naturaleza con la vida según la naturaleza. Esto implica el uso correcto de su mente al tomar decisiones racionales. El proceso de pensamiento se dividió así en dos. Esto involucraba uno que estaba de acuerdo con las emociones, por lo tanto, un pensamiento intuitivo y otro que estaba de acuerdo con la razón.

El Deseo como Disciplina

La disciplina del deseo puede estar vinculada al control. Todos tenemos una comprensión de lo que es el deseo. El deseo se refiere a la falta de algo. Cuando usted desea algo, está completamente desprovista de esa cosa.

La idea que subyace bajo la disciplina del deseo se comprende fácilmente. En la vida, estamos definidos por nuestras clases sociales y nuestras habilidades de una forma u otra. No importa cuánto intentemos eclipsar este hecho, esta es la veracidad de lo que sucede. Por ejemplo, hay cosas que están bajo nuestro control y otras que no. Los que están bajo nuestro control, podemos manipularlos de la manera que deseamos, pero los que no lo están, podemos hacer muy poco al respecto. Por ejemplo, hay cosas que están bajo nuestra manipulación directa. Esto incluye pero no se limita a: reacciones, deseos y juicio. Sin embargo, hay cosas que no están bajo nuestro control. Intentamos controlar estas cosas dándolo todo. Esto puede incluir nuestros objetivos, los que establecemos para lograr. Pueden ser a largo plazo o a corto plazo. A menudo hay una posibilidad cincuenta y cincuenta de tener éxito, por lo tanto, al participar en algo; es esencial considerar las probabilidades. Es posible que las probabilidades no siempre estén a su favor, a veces la situación puede cambiar y usted necesita saber cómo responder cuando esto ocurre.

Muchos temas religiosos se han relacionado con este tema al extraer referencias de sus diversas oraciones. Por ejemplo, una oración buscando a Dios para darnos la calma al aceptar quiénes somos y qué no podemos cambiar. Caemos en una depresión profunda, generalmente porque queremos influir en los cambios sobre lo que no tenemos poder. Nos importa mucho lo que los demás piensen de nosotros y no lo que queremos para nosotros mismos. Los sentimientos y opiniones de nuestros amigos están fuera de nuestro alcance de lo que podemos influir. No tenemos control sobre eso. Centrarse en eso a menudo le traerá estrés porque no obtendrá los resultados deseados.

Imagine un escenario en el que está a punto de ir a una entrevista. Aquí debe centrarse en las cosas que serán un plus para su currículum. Si deja que su ansiedad lo desoriente hasta el punto de preocuparse por el entrevistado, cómo pueden reaccionar a sus respuestas, cambiará sus deseos a un lugar donde no tenga control alguno. Los sentimientos de los entrevistados nacen con ellos y se quedarán con ellos. Su manipulación no está en su jurisdicción. Su mejor enfoque puede ser centrarse en la mejor manera en que hará su parte. Esto jugará un papel importante para ayudarle a acercarse a su trabajo. El pensamiento creativo es un método por el cual usted compromete su mente en el análisis absoluto de los pensamientos que se construirán sobre su situación.

El deseo debe ser domesticado para adaptarse a los zapatos de nuestra capacidad. Domar el deseo requiere meditación en paz. Está en su propio mundo y puede visualizar lo que está al alcance y lo que no. La meditación también le lleva al presente y le relaciona con las situaciones en cuestión. Usted es consciente de lo que no está bajo su control y, por lo tanto, puede responder positivamente. Nuestra capacidad de permanecer presente en las situaciones actuales se incrementa. Cuando aceptamos el acto de estar presente, la toma de decisiones se vuelve más fácil para nosotros.

La Acción como Disciplina

Todos participamos en diversas acciones como resultado de varios factores desencadenantes que se manifiestan en nuestras vidas. La acción correcta es a menudo rara. La gente actuará por impulso y arrepentimiento después. Su respuesta por lo tanto, su acción tiene que ser cultivada de una manera que sugiera que tiene un sentido de dirección. Una acción combinada con otra acción a menudo conducirá a una acción mayor. Para lograr algo grandioso, usted debe hacer las cosas paso a paso. A menudo ha escuchado a alguien referirse al dicho de un viaje de mil millas. La persistencia y la perseverancia es lo que gana el día. Cuando logras una acción a la vez, se dará cuenta de la magnitud de esto al final del día.

La audacia y el coraje son lo que se abraza al realizar una acción. La timidez a menudo causa que la acción no tenga efecto. La fuerza aplicada en la acción no es una fuerza bruta. Es una fuerza especializada dirigida hacia su mejor interés. ¿Por qué actuamos? Hacemos esto en respuesta a varios factores desencadenantes de nuestros puntos de presión, lo que nos obliga a renunciar a nuestra naturaleza estacionaria y adoptar uno que sea locomotor. Esta es la definición de acción correcta. Cuando nos enfrentamos a obstáculos en nuestras vidas, la solución a menudo radica en la acción correcta.

Incluyen tres facetas que actúan como una ayuda al determinar la acción correcta a tomar. Incluyen ritmos de reunión, métricas y prioridades. Con estas herramientas, está en condiciones de tener un pronóstico sobre lo que sucederá en el futuro. Puede sopesar las consecuencias de una acción antes de involucrarse en ellas.

La prioridad le ayuda a sopesar sus problemas en una jerarquía. Esta jerarquía le permite sopesar sus problemas de una manera que va desde el que requiere una respuesta inmediata hasta los otros que pueden esperar. De esta manera, puede resolver sus problemas sistemáticamente. No se fija tanto por los problemas que tienen una menor implicación en su vida. Las métricas implicarán el análisis de las consecuencias. Con esto, puede anticipar las consecuencias. La métrica, en su sentido, implica medir la diversidad de algo. Con las métricas a mano, puede actuar en consecuencia y de la manera correcta. Siempre utilizará sus opciones antes de conformarse con una opción en particular. Sus acciones no serán apresuradas sino más bien bien pensadas. Las métricas también serán una ventaja en su vida diaria. Cuando sopesa sus opciones correctamente, está en una posición en la que usted no se encontrará en problemas todo el tiempo.

Con los ritmos de reunión, de la misma manera que está preparado ante los problemas, estará esperando oportunidades para llamar a su puerta para maximizarlos. No pasará por alto las oportunidades y pisará con cuidado e inteligencia. El comercio inteligente tiene el efecto de hacer que un individuo tenga éxito en lo que sea que esté haciendo. Cuando tenga problemas, analizará las diversas respuestas que puede asumir y estará listo para tomarlas cuando surja la necesidad. La acción a menudo se piensa a través del proceso y no por un evento.

Capítulo 10: Controle sus Emociones para Encontrar la Paz Interior

Nos encontramos con varios casos en nuestras vidas, y cómo respondemos normalmente es un reflejo de cómo nos sentimos. La mejor manera de controlar nuestras emociones tendrá un efecto en cómo respondemos positivamente a diversas situaciones. Existen varias técnicas que podemos usar para controlar nuestras emociones.

Practique la Respiración Profunda

La ciencia dice que cuando respira profundamente, aumenta la producción de endorfinas que darán lugar a una mayor actividad cerebral. De esta manera, puede sentirse menos tenso y ansioso. El aliento fresco lleva consigo un nuevo suministro de oxígeno, que es importante para mantener su cerebro apto. Se ha visto que los programas simples de respiración alivian el estrés. Usted puede acostumbrarse a hacer estos ejercicios siempre que sienta que sus emociones te abrumarán. Antes de realizar un ejercicio de respiración, hay varias cosas que debe considerar. El lugar para este ejercicio debe ser un lugar cómodo. Su modo de vestir debe ser uno que no cause distracción. La respiración profunda vendrá por sí sola, y es un asunto de necesidad, no de fuerza. La respiración profunda no es forzada, sino que viene por sí sola. Esta práctica se puede hacer dos veces al día. Estos ejercicios no duran mucho, ya que no le tomarán mucho tiempo.

Una idea errónea que siempre ha prevalecido entre las personas es que tienden a tomar respiraciones superficiales como remedio para las respiraciones profundas. Las respiraciones superficiales tienen el efecto de apagarle. Su energía se apaga con respiraciones cortas y superficiales porque tienden a aumentar la ansiedad en lugar de disminuirla. Imagine que está jadeando como un perro ante los problemas, esto puede incluso terminar desmayándose. Antes de continuar con el proceso de respiración, tenga en cuenta que debe:

Asegúrese de estar cómodo, puede ser una postura horizontal con una almohada debajo del cuello, o puede ser una postura sentada en una silla con la cabeza y los hombros apoyados.

Al respirar, deje que el aire fluya a través de sus fosas nasales, deje que llene la cavidad pulmonar, su caja torácica siempre responderá agrandándose mientras que sus bolsas de aire se llenarán de aire. Al exhalar, también debe pasar por la nariz. Para sentir este movimiento de manera efectiva, debe poner una mano sobre su estómago y la otra sobre el pecho. Debe hacer esto repetidamente para lograr los resultados deseados. El proceso de respiración debe ser uno que abarque también el cerebro. Mientras respira, asegúrese de estar lo suficientemente interesado como para concentrarse. Participó en el ejercicio de respiración para sentirse aliviado. Para lograr este alivio, debe cerrar los ojos e imaginar una imagen que resalte los mejores sentimientos en usted. Esto será a menudo reflexivo, o puede tomar otra forma.

Rodéese de paz. Para lograr esto, debe imaginar que el aire a su alrededor es cálido y acogedor. Cuando haga esto, visualizará esta paz desde su punto de entrada a su cuerpo hasta el momento en que sale del cuerpo. Siente el flujo de aire hasta el final. De esta manera, también puede visualizar sus problemas cuando le abandonan, y se separa de ellos. Puede considerar adoptar el uso de una frase para maximizar los efectos. El procedimiento puede tomar un promedio de diez a veinte minutos como máximo. La duración de las respiraciones debe aumentarse a medida que avanza en su rutina. Esto logra más resultados.

Al respirar, asegúrese de que sus músculos también participen. Practique una rutina en la que al tomar aire, contraiga los músculos en un intento por sentirse tenso. Suelte este agarre mientras exhala. Sus músculos deben relajarse en sincronía, fluyendo la disposición sistemática desde los pies hasta la cabeza. Cada músculo debe estar tenso a la vez para lograr los máximos resultados. De esta manera, los músculos también participan y puede lograr la máxima relajación. Su último aliento debe ser el que aleje todos sus problemas.

Encuentre su Poder Interior

Cuando nos enfrentamos a un problema, al vincularnos con nuestra fuerza interior nos aseguramos de que nos levantemos del problema y podamos avanzar. Hay una serie de formas que se encargarán de que usted se conecte con su interior y que pueda elevarle. Las diversas historias de éxito que han surgido de numerosas personas que pudieron conectarse con su poder interior. Por ejemplo, a continuación hay algunos ejercicios que verán que se obtenga su fuerza interior y que pueda usarla de una manera que sea ventajosa para usted.

Crea en Usted Mismo

Cuando no creemos en nosotros mismos, estamos inseguros sobre la ocurrencia de un conjunto particular de hechos. Esto se debe a que no hemos aceptado en nosotros mismos que podemos ser aceptados debido a nuestras diversas fortalezas. Varias fortalezas se manifestarán con efectos secundarios como debilidades. Cuando estamos inseguros, nuestra fuerza interior disminuye considerablemente. Para lograr creer en usted mismo, debe practicar aceptar quién es usted. Cuando tiene sentimientos hacia usted mismo, puede gustar más el mundo que le rodea.

Practique el Silencio

Vivimos en un mundo en el que quizás usted no sepa lo que está sucediendo en la vida de alguien. Debido a estas distinciones, el mundo está lleno de confusión de vez en cuando. Esto puede ser una distracción para usted cuando se concentra en lograr sus propios objetivos. Dedicar un tiempo a permanecer en silencio juega un papel importante para refrescarse. Además, está aislado de las personas y puedes pensar de pie. El silencio significa que está desprovisto de cualquier cosa que provoque ruido. Esto significa que no debe involucrarse ninguna tecnología. Cuando logre el silencio, su caos interno se calma y puede conectarse con la fuerza que existe dentro de usted.

Programa Repetitivo

A menudo hacemos cosas de mala calidad porque nuestra energía interna se ha agotado. Cuando una onza de nuestra energía física se agota, nuestra fuerza interior también se agota. El efecto es directo. Desea encontrar su ser interior, y la mejor manera de hacerlo es separando las actividades que realiza diariamente en porciones simples y alcanzables que puede lograr progresivamente durante el día. Cuando usted hace esto, está en condiciones de realizar estas tareas de manera repetitiva, y con esto, puede lograr el dominio. Cuando alcanza el dominio, su cerebro está tranquilo. Cuando su cerebro está tranquilo, ha creado mucho espacio en él.

Revise su Círculo

Respondemos con discrepancia, especialmente cuando estamos cerca de varias personas. De la misma forma que diferentes personas tienen una manera de hacernos sentir de alguna manera. Cuando está cerca de una mala compañía, su energía interior siempre disminuirá cuando lo encuentre. Le llenan de información que tiene un efecto de peaje en su energía interior. A menudo se demoran en llenarle con sus deficiencias, lo que a su vez le hará sentir absorbido por el jugo de la vida. Busque personas que tengan un impacto positivo en su vida. Gente que le hará sacar lo mejor de usted. El optimismo es lo que busca cuando está buscando un círculo. Hay personas que le alimentan con energía positiva. Este tipo de energía es importante para construir su ser interior. La mayoría de las veces, después de una conversación con estos muchachos, descubrirá que ha cultivado una cultura de pensamiento positivo, que aumenta su fuerza interior.

Impresión

La investigación dice que lo que usted siente dentro a menudo encontrará su camino a la superficie. Lo contrario también funciona porque lo que se percibe en el exterior es una representación de lo que hay en el interior. Hacer ejercicio y alimentarse adecuadamente hará que se mantenga bien en el exterior. Su vendaje también debe ser de una manera que le haga sentir mejor con usted mismo. Cuando le preocupa su salud, puede asegurarse de que su cuerpo esté en buenas condiciones. Eso se refiere tanto interna como externamente. El cuerpo comprende numerosas partes, algunas de las cuales necesitan una gran consideración para saber cuándo están en peligro. Cuando usted crea un buen ejemplo en el exterior, está en condiciones de influir en su ser interior de la misma manera. De esta manera, aumenta su confianza.

Enlace con su Fuente de Energía

Se ha visto que la esfera espiritual es la más efectiva cuando se llega a conectar con su ser interior. Esto no se limita a una esfera religiosa, sino que es diversa. La meditación te vinculará a su energía interior cuando lo haga en repetición. La meditación es clave porque, durante este tiempo, se visualiza a usted mismo como si estuviera solo. Para exhibir eficazmente su fuerza interior, necesita crear un enlace con las esferas que le rodean. La esfera que le rodea es más grande que usted, y esto es lo que la coloca en una posición en la que puede multiplicar su fuerza interior. Cuando su fuerza interior se multiplica, también tiene un efecto en su fuerza física. Usted cree que está en una posición en la que puede lograr más a pesar de que su energía física no dice la misma historia.

Centrarse en el Amor Propio

Sobre la base del amor está el sentimiento de amor propio. Esto se debe a que usted no puede pretender extender los sentimientos de amor a otra persona hasta que los extienda a usted mismo. El amor propio está en la cima de la vida saludable. Esto se debe a que será un determinante de los muchos factores que le acompañarán todo el tiempo. El amor propio no implica simplemente el sentimiento del bien. Esto es más que eso. Esto es estar en una posición para apreciarse desde un contexto más profundo. El amor propio se manifiesta en las acciones que hacen que valga la pena vivir. Cuando apreciamos nuestras vidas, estamos en condiciones de apreciarnos a nosotros mismos, y solo entonces comenzaremos a apreciar a los demás. Las acciones que nos hacen crecer son las que hacen posible el amor propio. La diversidad del amor propio se extiende a lo bien que aceptamos nuestras deficiencias. Cómo nos adaptamos y vivimos con ellos toda nuestra vida apreciando el hecho de que somos humanos. La aceptación de la naturaleza humana conlleva un profundo entendimiento de que tenemos defectos al igual que fortalezas. Para lograr el amor propio, hay algunos consejos que un individuo puede usar. Incluyen:

Concienciación

La concienciación está directamente relacionada con el amor propio porque las personas que la practican están en condiciones de tomar nota de cómo se sienten, qué quieren y qué están pensando. Son lo suficientemente cuidadosos como para no comerciar con el argumento de que tendrá un efecto sobre ellos. Las personas conscientes pensarán en un evento antes de decidir participar. Analizarán una situación en términos de consecuencias incluso antes de que decidan involucrarse.

Prioridad

La prioridad es clave cuando se practica el amor propio. Con prioridad, tiene la seguridad de satisfacer sus necesidades urgentes antes de continuar con sus deseos y no al revés. Este concepto puede parecer remoto, pero conlleva un concepto superior. Hay personas que participan en la compra por impulso; este tipo de personas siempre adquieren lo que ven cuando les gusta sin una contemplación interna. Con prioridad, podrá analizar las situaciones que se presentan en términos de deseos y necesidades y, como resultado, encontrará los criterios perfectos para adquirir bienes.

Autocuidado

El cuidado personal está en la base del amor propio. Cuando se preocupa por usted mismo, a menudo el efecto es que extenderá cierto grado de atención hacia usted. A menudo, se ha dicho que las personas que no han extendido algún grado de atención hacia sí mismas no tienen amor hacia ellas mismas. Esto se debe a que el cuidado y el amor van de la mano.

Límites

Crear límites es muy útil para tratar de exhibir amor propio. Cuando crea límites, está en posición de no verse afectado por las emociones de otras personas. Cuando nos dejemos llevar por las emociones de los demás, se enojará con usted mismo todo el tiempo. Usted se preocupará por los sentimientos de los demás más que por los suyos propios. De esta manera, no se ama a usted mismo.

Gratitud Hacia uno Mismo

La gratitud implica estar agradecida por todo lo que facilita su bienestar. La gratitud puede ser dirigida hacia uno mismo o hacia otras personas. La gratitud tiene algunos aspectos de la atención plena, ya que implicará el reconocimiento de la acción antes de que pueda producirse la gratitud. Una reflexión sobre el tema de la gratitud a menudo hará que las personas piensen en la gratitud materialista. Las personas ven la gratitud como algo grandioso y a menudo olvidan que puede ser algo básico. Cuando usted es amable con otras personas, esa es una manera simple de expresar su gratitud. No importa cuán remoto pueda parecer este acto, a menudo tiene implicaciones profundamente arraigadas. Lo que se encuentra entre un día totalmente increíble y un mal día son los actos distintivos de gratitud.

La auto-gratitud ocurre en un intento por apreciarse a uno mismo; podría ser a través de las situaciones que ha tenido en la vida. La auto-gratitud ocurre como resultado de un monólogo consigo mismo, diciéndose a sí mismo que tiene mucho de qué estar agradecido. La auto-gratitud también está enterrada profundamente bajo los conceptos de autocuidado y amor propio. Practicar la gratitud es tan fácil como puede ser y también es lo más efectivo posible cuando se hace de la manera correcta. Una sola palabra de gratitud que se le dice a alguien a menudo será muy útil. Usted se agradece a usted mismo porque está en una mejor posición para notar el avance de su vida que otros. La mayoría de las veces, puede esperar recibir gratitud de los demás, y cuando este no es el caso, nos desanimamos con disgusto emocional. Estar agradecido a uno mismo aumenta la confianza general de un individuo. Cuando se aumenta la confianza de un individuo, el individuo está en una mejor posición para lograr más en la vida.

La auto-gratitud puede ser una rutina diaria, algo que hace para recordarse a usted mismo lo bueno que es. Para lograr la auto-gratitud, debe tener una declaración de gratitud, una que repita a diario. Para lograr más, debe establecer objetivos alcanzables, que son a corto plazo y trabajar para alcanzarlos paso a paso. Asegúrese de tomar nota de citas inspiradoras que sean efectivas para desarrollar su autoestima al comienzo del día y durante todo el día. Enfoque una perspectiva reflexiva mediante la cual se concentre en lo lejos que ha llegado. Mirando hacia atrás en sus experiencias pasadas juega un papel importante para ayudarlo a avanzar desde sus experiencias anteriores.

Perdonar Fácilmente

Para algunas personas, según el perdón a alguien es fácil, mientras que para otros, se necesita más que las palabras. Las personas egoístas a menudo sentirán que no desean exhibir perdón, ya sea pidiéndolo u ofreciéndolo. Para adoptar una cultura de perdón, hay una serie de cosas de las que debe tener en cuenta: cuando le hacen daño, primero experimentarás ira, que buscará tomar el control de su cuerpo. La ira nos hace decidir sin fundamento. Esto es a menudo porque sentimos que tenemos la necesidad cada vez mayor de responder. Cuando estamos equivocados, debemos tomarnos un tiempo y dejar que la ira fluya más allá de ti antes de que puedas responder. Normalmente, la respuesta al enojo es espontánea y a menudo puede resultar en una consecuencia que no deseaba.

Para perdonar efectivamente a alguien, no necesita apresurar el proceso ya que el perdón es una aventura gradual que debe tomar medidas antes de poder decir efectivamente que ha perdonado a alguien. Al otorgar el perdón, uno no debe sentirse obligado, sino que debe ser un buen sentimiento que genere buenas vibraciones. Antes del perdón, uno necesita practicar la aceptación de que el conjunto de hechos son como son y que no cambiarán. Necesitamos cambiar para adoptar circunstancias primordiales. La aceptación se procesa mediante la cual dirige sus pensamientos hacia la búsqueda de un remedio a lo que ya ha sucedido. Perdonar puede cambiar su vida si usted se lo propone y lo hace.

Las personas a menudo extraen sentimientos de su pasado. A partir de estos sentimientos, llevan experiencias que los hicieron sentir así en el pasado. Un individuo se sentirá mal cuando el mismo tipo de historia se repita en su vida. Imagine que la misma queja le sucede a todos. Esto posiblemente sea una indicación de que no perdonó y siguió adelante. Perdonar implica distanciarse de los pensamientos más estrechos que despiertan experiencias pasadas que pueden hacer que no perdone. Aunque el perdón puede requerir un replanteamiento profundo, vale la pena para lograr la recuperación.

Con perdón, usted se enfoca en los eventos que tienen lugar en este momento y le mantienen desprovisto del pasado. Los sentimientos de la ocurrencia pueden ser deprimentes. Esto es lo que le hace incluso reconsiderar el perdón. Deje que el estrés le abandone. Cuando logra esto, está en posición de dejar de perdonar. Respirar profundamente puede ayudar mucho cuando se desea controlar los efectos de algo. Esto calmará tu cuerpo y mente dejándole sin estrés. Cuando está libre de estrés, puede hacer un buen juicio. El perdón es un proceso gradual. En el momento en que entendemos esto es cuando lo conseguimos fácilmente.

Capítulo 11: Maneras de Manejar la Ira Usando el Estoicismo

Debido al énfasis del estoicismo en la comprensión de sus emociones, la ira se convierte en una emoción que podríamos usar para controlar cómo nos sentimos.

En el libro *Las meditaciones*, el filósofo Marco Aurelio detalló cómo podríamos usar el estoicismo para ayudarnos a manejar mejor nuestra ira. En el libro, describió diez estrategias diferentes con las que podríamos controlar nuestra ira. Eran regalos, dijo del Dios griego de la curación, Apolo, y sus nueve musas.

Recuerde que Usted Tampoco es Perfecto

Los estoicos consideraron primordial que para adherirse a la terapia de la filosofía, uno tuviera que aceptar sus defectos.

Séneca señaló que la ira afectaba incluso a las personas más gentiles y que, por lo tanto, para trabajar eficazmente en el manejo de su pasión, tenía que admitirlo. En el mundo de hoy, los casos de personas que se van al extremo debido a la furia de la ira han sido bien documentados, con ejemplos de violencia doméstica, crímenes pasionales y credibilidad de homicidios a este hecho. Por lo tanto, desearía poner su ira en alguien significa que, por lo tanto, no está en sintonía con quién es usted.

La opinión de Séneca, por lo tanto, significa que usar el estoicismo requeriría que haga una pausa y piense en cómo podría hacerle cosas a las personas que los enojarían. Llamaba a eso mientras apuntabas con el dedo a otra persona, los otros tres fueron devueltos hacia usted y, por lo tanto, usted corre el riesgo de tener la culpa tanto como la otra persona.

Por lo tanto, este llamado para que admitamos que teníamos la misma probabilidad de cometer el delito que nos cometieron nos haría dar un paso atrás y ver la situación con más calma y racionalidad.

Aristóteles creía que la ira no era del todo mala y estaba justificada en algunos casos. Por lo tanto, cuando reconozca esto, podrá darse cuenta de que la ira de otra persona, por lo tanto, estaría justificada. Por este motivo, admitiéndose a si mismo que no es un ser perfecto significaría que también estaría más dispuesto a extender la empatía a la otra persona, ya que sabrá que si hubiera estado en su lugar, tan ofendido como ellos, lo más probable es que usted hubiera reaccionado de la misma manera o de forma similar.

Por lo tanto, cuando esté más en sintonía con sus fallas como ser humano, entonces es muy probable que priorice la necesidad de ver a la otra persona a través de lentes sin prejuicios. Cuando alguien te pisa los zapatos, admites que es un error que usted también habría cometido.

Sin embargo, esta admisión de error no significa que esté dispuesto a dejar que las personas se salgan con la suya de ser imbéciles incorregibles. De hecho, le ayudaría a evaluar mejor a las personas y a ponerte más en contacto con la esencia de la humanidad y, por lo tanto, ser más capaz de ver a los demás a través de mejores lentes.

No es el Comportamiento lo que le Molesta, y es Su Opinión al Respecto

Una de las preguntas más importantes que usted puede hacerse es esta: ¿es ese comportamiento específico el que le hace enojar, o es la persona?

Una de las formas en que mostramos la disonancia cognitiva cuando se trata de respuestas emocionales, y lo más importante de la ira, es que dependiendo del contexto, tendemos a permitir o dejar de lado un comportamiento en particular, incluso cuando admitimos que no toleramos comportamiento.

Míralo de esta manera. Si visitas el parque, el lugar está lleno de gente. Te unes a los demás para aprovechar al máximo tu tiempo allí. Luego, se produce una confrontación entre uno de los empleados del parque y un visitante. Es un partido de gritos y amenaza con estallar. Usted mira a los dos como personas incapaces de controlar su ira. Se entera de lo que llevó a la explosión y no queda impresionado. Entonces, les señala con un dedo castigador. Pero, suponiendo que fuera un amigo, ¿los castigaría también? Lo más probable es que posiblemente los defienda, sintiendo que su ira estaba justificada porque entiendes el contexto.

Cuando se pone en contexto, la razón por la que nos enojamos podría deberse a cuánto énfasis ponemos en comportamientos y rasgos particulares. Por esta razón, entonces, encontrará que algunas cosas lo enojarán pero no molestarán a otra persona, o podría enojar a otra persona pero no a usted.

Por lo tanto, mejorar en el manejo de su enojo, saber qué lo hace enojar y por qué es importante. Esto le permitiría comprender el contexto y cómo influye en su reacción. También podrá comprender mejor por qué otra persona se enojó por algo que no levantó más que una mirada curiosa de su parte.

Comprender cómo nuestras opiniones dan forma a nuestra reacción emocional a las cosas es vital para desarrollar formas en las que podamos ser más racionales y mejores para controlar nuestra ira. Esto también nos permitiría aceptar la disonancia cognitiva que nos hace castigar a ciertas personas cuando están enojadas por razones justificadas y defendiendo a otras.

Para los estoicos, este punto de vista sobre lo que impulsa tu ira hacia ciertas cosas significaría que podrás reconciliarte con si estás poniendo demasiado énfasis en cosas que están fuera de su control. Poner demasiado énfasis en cosas que no puede controlar con mayor frecuencia resultará en desamor para usted. Siempre. Y esto podría enojarle aún más. Esto podría afectar su estado emocional. Como dijo Séneca, debemos enfrentar nuestra ira como enemigo, lejos del centro de nuestras cámaras emocionales. Permitirse enojarse por situaciones que son indiferentes a su bienestar significaría que no logrará ningún progreso productivo con su enojo.

Su Ira le Hace más Daño que lo que le Enoja

¿Cómo se siente cuando está enojado? Es tan agotador, ¿verdad? Ahí estás, apopléctico y explotando como volcanes. Su corazón está latiendo violentamente, enviando sensaciones de desgarro a través de su pecho como si estuviera a punto de salir del esternón. Su cuerpo tiembla y apenas respira bien. Su cabeza golpea y sus pensamientos se detienen. Todo lo que ve, entonces, es lo que le hizo enojar. Este ciertamente no es el mejor sentimiento.

Ahora, por supuesto, hay repercusiones médicas para enojarse, que incluyen, entre otros, HBP.

Según los estoicos, la ira le vuelve a usted feo. Distorsiona tus características y le convierte en una criatura grotesca desagradable que es horrible de ver, y no queremos eso. Pero, por supuesto, ser desagradable de ver no es el final. Esto es solo como un comienzo, y tal vez ya eres feo, por lo que este efecto no te afecta mucho. Bueno, hay una razón por la cual este punto no termina aquí.

Considere este escenario. Usted compra un teléfono nuevo que ha estado ahorrando durante meses. Está extasiado y jubiloso. ¡Vaya! Sus características son simplemente asombrosas. Se aleja flotando hacia sus amigos. Desea mostrar su nuevo teléfono. Y llega allí, y todos están felices por usted. Continúa bien hasta que uno de sus amigos, cuando intentan tomarse una selfie, lo deja caer al suelo. La pantalla se rompe, y con ella también se rompe su sueño de pasar un momento agradable con su nuevo teléfono. ¡Estás furioso! Acusas a tu amigo de celos y lo pisoteas.

Su ira nubla su mente y usted no toma nota de que está arruinando la amistad. Según los estoicos, las acciones de otras personas que nos hacen enojar solo dañan nuestro exterior, nuestras posesiones, tal vez nuestros cuerpos, pero cuando estamos enojados, dañamos nuestro núcleo. La ira nubla nuestro mejor juicio, lo que nos haría reaccionar de una manera que daña nuestro carácter. Al limitar nuestra capacidad de razonar, la ira podría ser la razón por la que pierde amistades y relaciones. Podría ser lo que le cuesta sus trabajos.

Cuando comprende que lo que le enoja es algo con lo que puede lidiar y aún mantener su carácter, entonces usted es capaz de lidiar con eso productivamente.

Antes de dejar que la ira le controle, comience pensando en lo que le costará y si eso es más importante que lo que le está enojando en ese momento. Lo más probable es que lo que le hace enojar no valga su personaje. No vale la pena caer en los sorteos de la ira si le hará perder a las personas que ama y valora. No vale la pena consentirse si le costará su trabajo.

Marco Aurelio llegó al extremo de afirmar que no era necesario enojarse con las personas que consideran parientes, ya que esto iba en contra del Principio Estoico de la Naturaleza que decía que deberíamos trabajar juntos. Esto significa que nunca debe dejar que su ira supere su amor por las personas cercanas a usted. Hablando en términos generales, también podemos interpretar este punto de vista como no estar enojado con nuestros semejantes.

Es Posible que Ellos No Entiendan Por Qué Está Mal

Sócrates dijo una vez que ningún ser humano hizo mal en su conocimiento. Como tal, cuando alguien nos ofende, el impulso natural es que busquemos formas de vengarnos de ellos.

En una visión más amplia de esto, las personas a menudo defenderán lo que están haciendo cuando se les pregunte al respecto. Con respecto a los innumerables eventos que han sucedido en el mundo en el pasado, cuando los miramos, los autores de estos actos atroces sintieron que estaban haciendo lo correcto. No estaban dañando a otros seres humanos, como veían, estaban defendiendo a su gente. En su forma retorcida, sintieron que estaban haciendo lo correcto. Este punto de vista es controvertido y parece justificar por qué la gente lo cometió. Pero esta visión es, en cambio, sacar a la superficie cómo defenderemos lo que hacemos en nuestras cabezas.

Séneca resumió este punto de vista cuando dio un ejemplo de cómo uno no patearía a un burro o cómo no mordería a un perro porque el hombre sintió que no sabían lo que estaban haciendo. Como tal, nos pidió que extendiéramos esto a nuestros semejantes entonces. En lugar de responder al enojo con enojo, nos pidió que nos libráramos de él y luego tratamos de deshacernos de la otra persona también.

Nuestra necesidad de condenar y vilipendiar a las personas que nos ofenden podría ser contraproducente, ya que podemos encontrarnos exhibiendo el mismo punto ciego cuando estamos en una situación diferente en la que estamos enojados.

Una vez más, entender que alguien que hace mal podría no ser consciente de cuán malo es no justificar el hecho de que está equivocado. En cambio, es acercarnos mucho más a cómo actuamos y reaccionamos cuando nos enfrentamos a una situación o bien o mal de lo que no somos conscientes.

Como tal, en lugar de pagar mal con nuestra ira, esto nos obliga a hacer un esfuerzo para que la persona tenga más conocimiento de por qué sus acciones fueron ilegales y por qué tendrán que cambiar. Esta visión es lo que está dando forma al movimiento actual en muchos países para hacer que las cárceles sean reformadoras en lugar de punitivas. Castigar a alguien que no sabía por qué sus acciones eran incorrectas solo las haría más propensas a cometer el acto incorrecto nuevamente. Tendrían ira, lo que haría que lo que hicieran se sintiera justificable, creando así un círculo vicioso de ira que daría lugar a la ira.

Incluso en la Ira, Sea Compasivo

El punto anterior pasa directamente a este.

Cuando alguien le maltrata, es natural que luego usted vea conveniente castigarlo. Al tratar de castigarlos más tarde, se pone en una situación en la que también usted se enoja, y de nuevo, al castigarlos, los haces enojar y se disparan de esta manera, generaciones de ira.

Aurelio dijo que cuando alguien lo enojaba, lo que hacía primero era lidiar con los sentimientos de ira en su interior. Como hemos aprendido en este capítulo, esto implicaría comprender sus imperfecciones y cómo su opinión da forma a su ira. Una vez que había hecho esto, Aurelio llevaría a la persona a un lado y le explicaría con calma, sobre cómo en su momento de ira, se estaban haciendo daño a sí mismos y no a él. Esta creencia de que una persona enojada merece ayuda o ser educada le ayudó a volverse más sereno en sus últimos años.

Séneca nos pidió que no juzgáramos a otras personas en base a fallas de las cuales todos estamos a la altura de vez en cuando. Llamó a la tolerancia, señalando que, si muchas personas habían perdonado a sus enemigos, ¿no era correcto entonces perdonar a alguien que te enoja con pequeñas acciones?

Al llamarnos para que seamos más tolerantes y pacientes con el comportamiento de otras personas, Séneca y Aurelio hicieron saber que querían que reflexionemos sobre nuestra ira antes de actuar. Por lo tanto, fue más fácil darle a la otra persona el beneficio de la duda cuando le tomaste el tiempo de procesar tu pasión antes de reaccionar.

La creencia de que, desafortunadamente, varias personas sostienen parece ser que mostrar compasión es un signo de debilidad. Más afectados por esto son muchos hombres, cuyo rasgo se ha denominado masculinidad tóxica, que abarca la falta de empatía, una glorificación de la ira improductiva entre otros personajes negativos como inherentemente masculinos.

Séneca nos pidió que confiémos en alguien que mostró un entendimiento hacia un tonto. Nos pidió que rechazáramos el primer incentivo de ira, que a menudo nos llama a buscar castigar a la otra persona. A través de la construcción de la compasión, que es una emoción humana inherente, podremos mejorar en el manejo de nuestra ira. Cuando nos tomamos el tiempo para entender por qué alguien nos hizo enojar, nos volvemos mejores para poner nuestro pensamiento antes de nuestras acciones cuando estamos enojados. Esto nos ayuda a mejorar en la gestión de conflictos a través de la reducción de escala.

En el Libro Dos de *Las Meditaciones*, Marco Aurelio, afirmó que en la vida, usted se encontrará con personas que tienen rasgos desagradables, ingratos y violentos, insociables. Pero esas personas, dijo, parecían no tener conocimiento de lo que era bueno y lo que era malo. En cambio, como una persona que se ha tomado el tiempo para comprender las implicaciones de sus acciones, y especialmente bajo las intensas pasiones de ira, entonces asumiría la responsabilidad de persuadir a la otra persona de por qué sus acciones de ira les perjudicaban más que personas que pretendían lastimar.

Cuando usted se vuelve más compasivo, comienza a ver cómo, de hecho, en la vida, muy pocas cosas necesitan enojarle. Esto le haría vivir una vida más satisfactoria y ser mejor en cómo trata a las personas y cómo maneja las situaciones tensas.

Capítulo 12: Entender Cómo y Por Qué Surge la Ira

Que nos enojemos no es algo sobre lo que podamos debatir ni estar en desacuerdo. Al igual que con otras emociones dentro de nosotros, vendrá de vez en cuando, con disparadores variados y, por supuesto, invitándonos a reaccionar ante él de varias maneras. En un intento por manejar mejor nuestra ira, necesitamos entender cómo y por qué.

Comprender las Razones por las Cuales Surge la Ira

Nos enojamos por muchas razones. Un amigo que no puede dejar de entrometerse en nuestros asuntos puede enviarnos por el muro. Una persona que no le gusta puede sacarle de quicio simplemente por existir. Alguien que no puede seguir instrucciones simples puede elevar los pelos de punta. Por lo tanto, conocer nuestros desencadenantes fue clave para ayudarnos a controlar nuestra ira.

Las razones son tan vastas y diferentes como la cantidad de personas que existen en el planeta. Si la ira estaba justificada o no es algo que todavía tiene filósofos en estas espadas cruzadas de hoy en día. Aristóteles creía que la ira estaba justificada en algunos casos. Aristóteles dijo que enojarse en el momento correcto y con la razón correcta hizo que la ira fuera correcta. Pero si bien esto era cierto, se hizo difícil determinar cómo medir cuál era el momento adecuado y qué contaba por la razón correcta. Como hemos dicho anteriormente, y en el capítulo 11, el hecho de que nuestras creencias y nuestras opiniones sobre las cosas nos hicieron determinar qué nos hizo enojar hace que sea difícil encontrar un terreno común en ese momento.

Séneca fue categórico en su creencia de que la ira era solo un vicio sin cualidad redentora. Vio que la pasión nos convertía en esclavos y que una vez que uno se dejaba llevar por la emoción, no disminuían la velocidad.

Mirando esto, entonces se vuelve crítico para nosotros que, en un intento por hacernos más racionales y controlar nuestra ira, entender qué nos enoja y por qué es esencial.

Este conocimiento nos permitiría superar la situación en la que nos enojamos por eventos u opiniones intrascendentes. Se vuelve primordial entonces que sepamos que las razones por las que estamos enojados son productivas y, por lo tanto, que debemos permitirnos sentir esta ira.

Enojarse con su amigo por romper su teléfono sería contraproducente, ya que significaría que perdería a un amigo si expresa su enojo, además del hecho de que la consecuencia fue externa y, por lo tanto, fácil de enfrentar y conquistar. Sin embargo, enojarse por una injusticia le da credibilidad a la creencia de Aristóteles de que hubo un período en el que, de hecho, estamos justificados para ponernos nerviosos.

Sin embargo, incluso con la comprensión del bien y del mal, teníamos que ser conscientes del hecho de que la otra persona podría estar haciendo lo malo desde el punto de ignorancia, por lo tanto, acercándonos a ellos con el deseo de educarlos en lugar de castigarlos.

Con esto en mente, se hace más fácil saber si necesita enojarse o no. En su mayor parte, la ira es perjudicial para usted, y es mejor evitar enredarse en sus tentáculos.

Distanciamiento Desde la Apariencia

Cuando usted haya visto cuán destructiva es la ira, comenzará a decidir trabajar en ella.

Los estoicos nos llaman a alejar nuestro enfoque de lo físico hacia lo espiritual.

Séneca declaró que nuestro objetivo debería ser lograr una mente tranquila. Este estado, dijo, hizo posible que los estoicos mantuvieran la calma frente a una tempestad de ira y furia.

Las apariencias pueden ser engañosas y, por lo tanto, nos inducirán a error a pensar que una situación requiere nuestra atención cuando no es así. Tome nota de cuándo se le ofrece algo con la intención expresa de hacerlo enojar. La ira, según Séneca, es una emoción binaria, que se hace cargo de usted tan pronto como se da cuenta.

Esto significa que usted sería fácilmente influenciado por sus alas cuando estuviera obsesionado con lo que tenía frente a usted. Lo hemos visto muchas veces. Un ejemplo de esto es un escenario llamado ``pornografía de indignación'', donde alguien, o en ocasiones los medios, comparte una historia cuya intención principal es crear un aumento de personas. A través del sentimentalismo y el melodrama baratos, utilizan este enfoque que tenemos en el procesamiento eficiente de datos, lo que significa que nos enojaremos con lo que está directamente frente a nosotros. Cuando haces que el logro de la tranquilidad mental sea tu enfoque, las apariencias comienzan a ser menos importantes. Cuando se comparte una historia con la intención expresa de hacer enojar a la gente, en cambio, se profundiza en la historia para descubrir si hay alguna razón justificable para enojarse.

Al enfatizar lo que está frente a usted, se vuelve menos reactivo y tienes más control sobre cómo interpreta las cosas. Entiende que hay más de lo que está viendo. Cuando alguien está enojado con usted, no se enoja con él a cambio, porque sabe que podría haber más en su enojo que solo usted. También sabría que la violencia les está haciendo más daño que bien. Aprenderá lecciones personales de las enseñanzas de Sócrates que nos dicen que no hagamos mal ni reembolsemos el mal con el mal, sin importar cuán correcto se sienta o cuán justificados pensemos que estamos.

Hacer hincapié en las apariencias significará que usted se vuelve más consciente de cómo expresar sus frustraciones a la otra persona en lugar de solo decir bruscamente. Llegará a comprender lo que significa cuando tenga que elegir su ira. ¿Expresar su frustración conduce a la productividad? ¿O hace daño? Después de esto, ¿usted hace una mejor distinción entre si fue la circunstancia la que hizo enojar a la otra persona o si ellos mismos estaban realmente enojados? Esto determina cómo proceder.

Recordándonos a Nosotros Mismos de Nuestra Humanidad

En un incidente que sucedió más tarde en su vida, Aurelio presidió una audiencia en la corte que involucró a un volátil multimillonario Herodes. En un momento de la ejemplificación de la locura consumidora de ira, Herodes se abalanzó sobre Aurelio pero fue detenido por un guardia, que quería empalar a Herodes con su espada. Pero, Aurelio lo detuvo y aplazó la audiencia. A lo largo del incidente, Aurelio permaneció tranquilo y sereno, sin traicionar ningún enojo. Como estudiante de estoicismo de toda la vida, Marco Aurelio pudo mantener y, de hecho, reconocer la humanidad de alguien que parecía empeñado en dañarlo.

Esta es una de las enseñanzas más significativas en sus libros, Las meditaciones. Cuando nos enojamos, tendemos a mirar a la otra persona fuera del contexto de su humanidad. A través de la distorsión, reducimos toda la existencia de la otra persona en esta instancia y, por lo tanto, los vemos como objetos que merecen ser castigados por fallarnos.

Pero es este tipo de pensamiento problemático lo que llevó a Séneca a declarar que la ira era un peligro para la humanidad, ya que podría infectarse fácilmente de una persona a otra. Este comportamiento se caracteriza por la "psicología de la mafia". Hacer que las personas se unan y trabajen de manera cohesiva hasta que a menudo requiera recursos y gestión, sin embargo, parecía ser que la ira hizo que las personas cooperaran más rápido. Esto se debió a que, impulsada por el deseo de destrucción, las personas rápidamente alcanzaron sus instintos basales y actuaron sobre eso, ya que es más fácil dejarse llevar por sus impulsos primarios, es más fácil que la ira nos deje devaluar a otra persona. y así, actuar de manera contraria a lo que compartimos colectivamente como seres humanos, nuestra conciencia colectiva.

Séneca nos llamó a sanar en lugar de castigar a los que nos perjudican. Aurelio nos pide que nos miremos a los ojos de la persona que nos enoja, o que nos lastima.

Al tratar de corregir a la otra persona en lugar de castigarla, actuaremos de una manera que vea y reconozca su humanidad y, por lo tanto, la verdad de que son propensos a cometer errores y que el incidente con usted es solo uno de los errores.

Mire hacia atrás cuando usted estaba enojado con alguien. ¿Parecían dejar de importar? Lo que te importaba en ese estado de ira era que te habían perjudicado y tenían que pagar. Esto significaba que pasó por alto la realidad de que podrían haber abusado de usted porque no sabían mejor, o que las personas también estaban lidiando con problemas propios que no sabían cómo manejarlo. Nos encontramos con esas personas a lo largo de nuestras vidas. Personas que hacen mal sin saber que lo están haciendo mal.

Hacer una pausa para comprender que podrían ignorar lo que se considera correcto o incorrecto en gran medida podría ayudarlo a lidiar con la forma en que actúan hacia usted. Nuevamente, esto no significa que disculpe el mal comportamiento. En cambio, usted se vuelves más consciente de cómo las acciones de otras personas no deberían afectar su reacción.

Sacarnos a Nosotros Mismos de la Competencia

La comparación social, como lo llaman los psicólogos, es una forma de estado en el que se mide nuestro progreso al observar cómo les está yendo a otros en una situación similar.

Esta comparación es ventajosa para nosotros por una variedad de razones. Por un lado, al observar dónde están los demás, entendemos mejor dónde estamos y hacia dónde vamos. También nos ofrece un vistazo a las cualidades que queremos de la otra persona e incorporar eso a la nuestra. Esto es lo que nos ha llevado a construir las cosas que tenemos.

A través de la comparación social, entonces, obtenemos competitividad. En un intento por ser mejores que los demás, nos impulsa el deseo de mantenernos a la vanguardia de manera constante. Sin embargo, la competitividad tiene un efecto secundario: la ira.

Imagine la cantidad de veces que los deportistas han golpeado cuando las tensiones aumentan. Imagina la ira que te invade cuando tu amigo, que apoya a otro equipo, te incita cuando su equipo favorito gana más trofeos y vence a tu equipo favorito.

Cuando se lleva al extremo, llamado competencia compulsiva, esta ira hacia la competencia puede hacer que una persona se vuelva lívida, incluso cuando no hay una razón aparente para hacerlo. Debido a la naturaleza de la competitividad, todo se convierte en una competencia, lo que significa que la ira siempre está al acecho.

Para controlar su ira, salga de la competencia y busque una mente más tranquila. Aurelio nos pide que evitemos las cosas más allá de nuestro control que nos enojan. Estas cosas incluyen la competencia. Nunca estará por delante de todos, y esta comprensión es lo que deberíamos usar para guiarnos a trabajar en nuestra ira.

En una de sus enseñanzas más importantes, Aurelio nos pidió que trabajáramos juntos, siguiendo el principio estoico que nos veía a todos como parientes, y por lo tanto, trabajamos mejor a través de la cooperación en lugar del conflicto, que resulta de la competencia llevada al extremo.

Poner esto en práctica es algo que, de hecho, puede y será un desafío. A lo largo de nuestras vidas, hemos conocido la competencia como la forma de existir. Pero debe centrarse en la ley de la abundancia, que establece que hay suficiente para todos nosotros. En lugar de ver a otro ser humano como una amenaza, lo vemos como otro jugador del equipo, ansioso por construir la humanidad como el resto de nosotros. Convertirnos en nuestra competencia significa que guiaremos nuestras acciones en función de lo que podemos controlar, en lugar de confiar en fuerzas externas que no podemos controlar y cuyo suceso es ampliamente errático e injusto.

Cumplir con Nuestros Roles Hacia los Demás

Esta visión de que estamos aquí para existir en armonía es una parte importante del estoicismo. A lo largo de su libro, Aurelio habló de nuestra obligación hacia nuestros semejantes, sugiriendo que "nacimos para algo más que esto" por nuestra ira hacia nuestros semejantes.

Sócrates nos pidió que luchemos contra el impulso de devolver el mal con el mal y el mal con el mal. No había nada correcto en hacer lo malo.

Cuando miramos el texto del estoicismo, comenzamos a comprender que, al hacer un llamado a las personas que se adhieren a él para que se pongan más en contacto con quienes son, la filosofía nos llama a ser mejores seres humanos al comprender nuestras fallas y nuestras fortalezas

Las cuatro virtudes del estoicismo nos exigen que cumplamos lo que, a su vez, será de valor para la otra persona. Al insistir en que nos centremos más en los eventos que podemos controlar y no en factores y circunstancias externas, podremos entendernos mejor y lo que representamos.

De hecho, es lamentable que muchos de nosotros afirmemos defender la justicia, la verdad o la moralidad, pero luego resulta que no estamos exponiendo las virtudes en su núcleo. Esto no se basa en la naturaleza de la humanidad al error. Cuando alguien dice ser moral y les pide a otros que sean virtuosos, pero luego actúan de manera consistente de una manera que no está en contradicción con lo que dicen, entonces no se trata de un error humano, sino de un fracaso por parte de la persona para comprender adecuadamente lo que implica el valor.

Vemos esto todo el tiempo. Alguien afirma una cosa en público, pero luego resulta que están haciendo exactamente lo contrario en privado. Cuando quedan atrapados en la doble vida, la afirmación siempre es que se equivocaron. Pero para defender las virtudes del estoicismo, uno debe ser muy consciente de quiénes son y si realmente valoran sus pensamientos con respecto a otros seres humanos. Para volverse desinteresado, necesitará comprender las profundidades de su egoísmo. Para convertirse en una persona justa, moral y valiente, debe comprender cómo ha perpetuado la injusticia. Tendrá que aceptar sus defectos morales.

Cuando pueda perdonarse más a usted mismo por su fracaso, también extenderá este perdón a los demás cuando fracasen. Se vuelve mejor enseñando lo que valora.

Cuando no defiende estos valores, pero hace un reclamo para defenderlos, lo que sucederá entonces es que para demostrar cuán profundamente los valora, será punitivo con las personas que realmente se equivocan en su viaje para mejorar. Hace esto para calmar su culpa por no mantener estos valores. Hace esto para hacer que los que estiman estas virtudes le aplaudan, por lo que los moralistas más ruidosos resultan ser estafas. Los puristas no son más que bocas ruidosas. Las personas que dicen ser pueden llegar a no entender cómo funciona la justicia.

Por lo tanto, como una obligación para las personas que le rodean, y para la humanidad en general, estar más en contacto con su persona. Comprenda quién es usted, sus emociones y sentimientos, sus creencias y acciones. Sepa entonces que puede hacerlo mejor y hacer el esfuerzo de hacerlo mejor. Por lo tanto, cumplir mejor su rol con los demás, significa cumplir mejor su rol con su ser.

Capítulo 13: Filosofía Estoica e Ira

El estoicismo nos pide que nos examinemos y usemos eso para hacer del mundo que nos rodea un lugar mejor.

Por lo tanto, la ira fue uno de los principales problemas a los que se enfrentaron los estoicos e intentaron disuadirnos de caer, ya que es el comienzo de la caída de una existencia virtuosa. No es difícil ver ¿Por qué? Casi cada una de las virtudes estoicas, el coraje, la sabiduría, la moral y la moderación, se desmoronan cuando uno se enfada.

Debido a esto, la filosofía estoica tiene algunas lecciones para nosotros con respecto a la ira.

La Ira es Locura

Al menos temporalmente, al menos. Séneca nos pide que lo evitemos, ya que, incluso cuando se justifica estar enojado, actuar por enojo nunca resulta en un resultado positivo. Afirmó que, si bien cualquier otra emoción afecta nuestro juicio, la pasión continuó e interrumpió el estado mental. Se volvió loco por la duración de la ira. Una mirada a los sitios de redes sociales le ofrecerá un vistazo a la locura que es la ira. Las personas escriben e imprimen todas las cosas que de otro modo no habrían hecho si se hubieran tomado un momento o dos para lidiar con los sentimientos explosivos.

Entonces, enojarse era volverse loco. Para manejar esto, luego tuvimos que hacer una pausa y cuestionar nuestra ira. Lo más probable es que fuera innecesario.

La Ira Empeora las Cosas

Marco Aurelio declaró que los efectos de la ira iban a ser más que las circunstancias que lo llevaron. Cuando usted se enoja con su amigo por romper su teléfono, eso solo empeoraría la amistad y le costaría su amigo. Enojarse con otra persona solo resultará en una relación rota entre ustedes dos. Enojarse con un objeto inanimado le dejará sin nada.

En todos estos casos, la ira funciona en su contra en todos los sentidos al final. Su personaje sufre, ya que luego se convierte en alguien que la gente querrá evitar. Cuando discute con otra persona, significa que tiene una razón por la cual no desea asociarse con usted. La ira persiste mucho después de presumiblemente haberla expresado. Es lo que llevó a Séneca a verlo como algo que, una vez que se apodera de alguien, se hace difícil recuperar el control.

Para Lidiar con la Ira, Necesitamos Reconocer a la Humanidad

La opinión de Sócrates de que ninguna persona se esfuerza por cometer errores de mala gana revuelve algunas plumas, pero es crucial para ayudarnos a lidiar con la ira.

A través de la experiencia vivida, el estoicismo nos anima a tomar un momento de enojo para ver cómo la otra persona puede tener una vida más allá del estado en el que existen en ese momento en particular: el estado de "esta persona me hizo enojar". Cuando usted mira a la persona como un todo en lugar de las partes, entonces es capaz de comprender sus acciones y, por lo tanto, por qué no debe permitirse enojarse.

Por lo tanto, cambie su enfoque de buscar castigar a esta otra persona, una acción que lo haría enojar, a decirles cómo sus obras de ira los están perjudicando. Te vuelves más compasivo.

Capítulo 14: El Estoicismo Revela Rituales que le Harán Sentir Seguro

Probablemente, haya leído cientos de artículos, ya sea en línea o en otro lugar, sobre cómo ser feliz, tener confianza en sí mismo al exorcizar la negatividad de su vida y aumentar su autoestima para que pueda vivir feliz consigo mismo y con todos los que lo rodean. Sin embargo, todavía usted está en la negatividad y no se ha vuelto mil veces más feliz. Entonces, se encuentra confundido y comienza a maldecirse por invertir su tiempo leyendo cosas que no funcionan. ¡No esta solo!

Hay una diferencia fundamental entre leer cosas y poner en práctica lo que ha aprendido. ¡No espera leer buenos libros sobre cocina y luego convertirte en el mejor chef del mundo! Debe poner en práctica ese conocimiento e invertir horas de experimentar con él para que, al final del día, salga victorioso como resultado del conocimiento que obtuvo de los libros. Nunca pateará como Bruce Lee simplemente leyendo libros de artes marciales. Debe salir a entrenar y practicar su comportamiento, para hacer los cambios y ajustes necesarios.

Es por eso que los estoicos, los antiguos maestros de la sabiduría, no escribieron cosas por mera lectura. Fueron un paso más allá y crearon rituales y ejercicios que tenían que realizarse a diario para entrenar la mente para responder positivamente a los eventos de la vida para que uno pueda vivir bien y felizmente. Nos advierten del peligro de estar satisfechos con la mera lectura, sin práctica y entrenamiento, porque con el tiempo, olvidamos lo que habíamos aprendido y comenzamos a hacer las cosas de otra manera.

Hoy es fascinante ver a los científicos modernos de acuerdo con lo que estos antiguos maestros de la sabiduría solían hablar hace muchos siglos. No podemos evitar entonces volver nuestro ojo mental hacia atrás y analizar lo que estos caballeros sugirieron muchos años antes de que naciéramos.

Suceden cosas en la vida cotidiana que nos hacen sentir que no somos lo suficientemente buenos. Cuando cometemos un error, o cuando algo desagradable nos sucede, descubrimos que nuestro cerebro hace una repetición de cualquier otra falla y error que hayamos cometido. Así como así, nuestra autoestima se ve aplastada y nuestra autoestima disminuye. Este es un viejo problema, y mientras haya habido personas en el mundo, han pasado por tales experiencias. Es un problema antiguo con soluciones antiguas. El estoicismo antiguo viene en nuestra ayuda durante esos tiempos. Se dieron cuenta de que a menos que aprendamos y practiquemos cuestionar el pensamiento irracional y las creencias poco saludables que aplastan nuestra felicidad, no podemos percibirnos a nosotros mismos ni al mundo claramente para una vida mejor y plena.

Entendieron que nuestros sentimientos emanan de nuestros pensamientos. Pero la pregunta es: "¿Cómo nos deshacemos de nuestro pensamiento irracional e inútil que nos aplasta y permite que el pensamiento racional y útil reine en nuestras mentes". Así es como podemos usar los rituales de estoicismo para lograr eso.

Identificar y Desafiar los Pensamientos Distorsionados

Este ritual se trata de aprender a controlar la voz en nuestra cabeza. Esa voz en nuestra cabeza nos juzga severamente cuando estamos deprimidos. Digamos que se ha involucrado en un proyecto en particular, y luego falla. Los pensamientos iniciales que vienen con tal experiencia son generalmente irracionales e inútiles. La voz en su cabeza comienza a condenarle por haber malgastado tus recursos, hacer intentos inútiles y le hace pensar que usted es un completo fracaso. Debido a tales pensamientos, comienza a sentirse deprimido, desconfiado e incómodo con sus habilidades.

Los estoicos sabían que identificar tales pensamientos era un paso importante. Cuando su autoestima disminuye o cuando se siente atrapado por una sensación de falta de confianza en sí mismo, ¿qué le dice la voz en su cabeza? Esta es una forma de ir más allá del sentimiento y ver qué está causando ese sentimiento. El objetivo es identificar el sistema de pensamiento, que está detrás de él. Por lo tanto, debe ser capaz de seguir su proceso de pensamiento y capturar los pensamientos que lo inmovilizan generando sentimientos de inutilidad.

Por ejemplo, "Me sentí triste porque pensé que era un fracaso". O "Me sentí indigno porque pensé que estaba agotado y dado por sentado". Identificar tales pensamientos es vital para que pueda avanzar al siguiente paso de desafiarlos. Capturar los pensamientos como:

- Soy un completo fracaso
- Soy estúpido y tonto
- Soy un idiota
- Nunca llegaré a nada
- Nunca conseguiré un trabajo
- Soy feo y desproporcionado en forma

Estos son pensamientos iniciales que vienen a su mente cuando los eventos de la vida le aplastan. Los estoicos sugieren que identifique tales pensamientos condenatorios y distorsionados y los desafíe. ¿Pero cómo los prueba? Después de identificar estos pensamientos, así es como puede desafiarlos: por cada pensamiento distorsionado, proporcione un pensamiento racional para reemplazarlo. Mire varios ejemplos a continuación:

- **Distorsionado:** "He invertido mucho de mi tiempo y esfuerzo, pero finalmente, no he logrado nada. ¡Este proyecto ha sido una farsa y desearía no haberlo comenzado!

    Racional: "Aunque no he logrado lo que pretendía, he aprendido mucho a través de mis errores. Aprenderé de mis errores para no repetirlos en el futuro. Soy un hombre joven con mucho potencial ".

- **Distorsionado:** "Nunca conseguiré un trabajo. Me falta el coraje de presentarme ante los entrevistadores, y cada vez que lo hago, tiemblo incontrolablemente. Estoy condenado al fracaso".

   Racional: "Tendré que hacer algo para dominar mi confianza durante las entrevistas. Practicaré frente al espejo y practicaré hablar en público en pequeñas reuniones sociales antes de mi próxima entrevista".
- **Distorsionado:** "No soy hermoso. Mi figura se ve horrible en el espejo. Cada vez que entro en una relación, me abandonan en dos meses. Soy horrible, y nadie me ama".

   Racional: "Necesito tomar el control de mi peso y volver a estar en forma. He ignorado mi programa de pérdida de peso desde hace dos años. Soy genial y hermosa, pero tengo que hacer algunos pequeños ajustes".

Ponga a Prueba sus "Creencias Fundamentales"

Esto se trata de las creencias que tiene sobre usted mismo. A veces, estos sentimientos crónicos de falta de confianza y de tener una mala imagen de uno mismo van más allá de los pensamientos negativos. La falta de fe en uno mismo puede ser un resultado directo de tener "creencias centrales" negativas. Es posible que haya un crítico interno dentro de usted que le presente evidencia consistente sobre el tipo de perdedor o persona desagradable que es. Como resultado, usted llega a creer esa mentira porque no se ha tomado su tiempo para cuestionar esa creencia cuestionando su validez. Los estoicos prescriben que debemos convertirlo en nuestro hábito o ritual, para desafiar o creer en las creencias centrales.

Desafiar sus creencias no es fácil, dado que una idea tan fundamental puede haber arraigado y ahora está formando la base de cada decisión que tome. Enfrentar a esa capa que quiere demostrar su caso de que usted es un perdedor al presentar siempre pruebas concretas en su cabeza puede ser una tarea desalentadora.

Lo primero que debe hacer para tratar con este abogado que lo sigue procesando y condenando por ser un perdedor es analizar el tipo de evidencia presentada de su parte. Escriba una lista de pruebas de por qué siente que no es digno. Puede sonar gracioso, pero este paso es esencial. Los estoicos sugieren que escriba todo lo que le hace creer que es un perdedor. Debe analizar y comprender la evidencia de este abogado acusador para poder idear el mejor método para hacer agujeros en él.

Lo que le ha faltado es un abogado defensor de su lado, para abordar el sesgo de confirmación de negatividad que ha sufrido. Con su voz interior que le presenta agresivamente evidencia como perdedor, termina viendo cosas en su vida que están de acuerdo con la idea de que usted no puede llegar a nada.

Para contrarrestar eso, los estoicos argumentan que también debe hacer otra lista de evidencia. Esta lista actúa como evidencia de que el abogado que lo procesa desde adentro está equivocado. Debe tener todas las razones e ideas que prueben que usted no es un perdedor. Esta nueva lista de evidencia tiene como objetivo alterar la configuración de sus creencias para que deje de notar los sentimientos poco saludables y lo obligue a mirar todas las cosas que han sucedido en su vida para ver la evidencia que respalda sus creencias saludables.

Los estoicos también sugieren que encuentre un co-abogado. Necesita un amigo o un familiar o cualquier otra persona en la que pueda confiar, para recordarle en qué es excelente, señalando todas las cosas maravillosas que hace. Obtener esa confirmación de alguien que usted crea que le hace sentir valioso e importante, y trae a la superficie algunas pruebas cruciales que puede descartar al ver que es insignificante. Incluso si ven cosas para contar, que usted no cree que deberían contar, póngalas en la lista. Esta lista de razones concretas de por qué usted es valioso e impresionante le ayudará a silenciar al fiscal desde adentro al reemplazar la evidencia sesgada de negatividad con la evidencia que es racional, precisa y honesta.

Tener un "Ritual de Confianza Nocturno"

Después de profundizar y abordar sus creencias centrales, su crítico interno aún intentará quedarse. El cambio no vendrá de la noche a la mañana. Debe seguir programando su mente para poder corregir todas esas creencias falsas y evitar que vuelvan a aparecer. Los estoicos entendieron a fondo el poder de un ritual nocturno de confianza para arreglar la negatividad y mantenerla a raya. Sabían que tomarse un tiempo para reflexionar todos los días puede aportar una gran mejora. Es una excelente manera de cuidarse a sí mismo tomando algún momento de la noche para revisar su vida.

Después de confrontar a su crítico interno con todas las razones de por qué usted no es un perdedor sino un ganador, la batalla continúa. Reflexione sobre su vida tomando un poco de tiempo por la noche y piense en todas las cosas en las que es bueno y lo que ha logrado ese día, y obtenga más pruebas de por qué no es horrible. Desde ahora, se ha vuelto menos reactivo consigo mismo, acumule un registro diario de evidencia que le permita desarrollar creencias más saludables.

Las revisiones son esenciales, y son comunes en los negocios, especialmente las revisiones anuales. Los estoicos sabían el poder de revisar el día para mejorar la calidad de vida. Algunas veces necesita mirar hacia atrás en su pasado para entender su futuro. Piense en lo que ha hecho durante el día y pregúntese si funcionó bien para usted. La reflexión le permite controlar su vida diaria al pensar en cómo las actividades en las que se ha comprometido le han ayudado a mejorar. No esconda nada de si mismo ni pase nada.

Reflexione sobre lo que hizo bien y lo que no hizo bien ese día. Reflexione sobre las cosas que se suponía que debía hacer, pero no las hizo. Tal conocimiento es vital a medida que planea mejorar su mañana. No se condene por las cosas que no hizo o por las que no hizo mal. Aprenda de sus errores y perdónese a usted mismo. Tener autocompasión y perdonarse a sí mismo es lo que le impide repetir errores y evitar más dilaciones.

No se golpee ni sea crítico con sus habilidades. Aproveche lo que hizo bien durante el día y utilícelos como base para mejorar mañana.

Aprecie las cosas buenas de ese día y continúe haciéndolas mañana. Es una excelente manera de extender sus bendiciones. Prométase que no repetirá los errores de hoy mañana, sin ser crítico o juicioso. Esta es una clave maestra para la superación personal y la felicidad. A medida que pase el tiempo, su creencia positiva prevalecerá y el crítico interno comenzará a guardar silencio.

Utilice una "Tarjeta de Referencia Cognitiva"

En este punto, ha identificado y desafiado sus pensamientos, ha cavado profundamente y ha descartado sus creencias negativas, y está haciendo un seguimiento increíble al hacer una revisión nocturna de su vida diaria. Pero hay un paso más si quiere darse cuenta de la estoica confianza en sí mismo. Necesita una tarjeta de referencia cognitiva que le ayude a controlar más la charla negativa para que no se rinda. Una tarjeta de referencia actúa como un recordatorio rápido y contiene información de uso frecuente, como recordatorios y avisos.

A veces, cuando usted está angustiado, necesita una respuesta rápida para eliminar esa angustia en cualquier momento. Necesita una forma de desafiar a ese crítico interno en cualquier momento, sin importar dónde se encuentre. Necesita una manera de hacer que ese desafío sea más fácil, en lugar de pasar mucho tiempo discutiendo consigo mismo. Esto le ayudará a evitar el ir y venir que puede hacerle parecer una persona loca.

Hay esos pensamientos negativos a los que usted está acostumbrado, y los escucha con tanta frecuencia. Ahí es donde una tarjeta de referencia cognitiva viene en su ayuda. Debe tener un conjunto de respuestas inmediatas a tales pensamientos para poder contrarrestarlos con positividad inmediatamente. Escriba tales respuestas en su tarjeta de referencia cognitiva para que no tenga ninguna dificultad en recordarlas.

A veces está cansado de discutir consigo mismo. En esos momentos, puede notar que su mente se dirige en la dirección equivocada. Ese es el mejor momento para que su tarjeta de referencia cognitiva venga en su ayuda. Úsela para contrarrestar los pensamientos negativos obvios y mantener sus interpretaciones racionales.

En el calor del momento, una tarjeta de notas de tres por cinco le ayuda a seguir mejorando. Le ayuda a pensar de manera diferente durante los momentos menos tranquilos. Por lo tanto, durante los momentos tranquilos y menos tranquilos, escriba en su tarjeta de referencia cognitiva las cosas que cree que le gustaría escuchar durante los momentos de tormenta cuando está cansado y tiene menos tiempo para discutir.

Por ejemplo, cuando enfrenta un fracaso, puede tener una señal cognitiva en su tarjeta, que dice: "Solo porque no he logrado mi objetivo, no significa que soy un perdedor. Al aprender de mis errores, yo puede alcanzar la grandeza ". Lleve su tarjeta consigo y úsela para aprender a ser compasivo. No va a ser fácil, pero si practica repetidamente para decirse a si mismo cosas sensatas y racionales durante los momentos difíciles, finalmente dominará este ritual estoico.

Programar su mente con rituales de estoicismo llevará tiempo. A veces se equivocará, pero considere que eso es normal. Continúe reprogramandose dando pequeños pasos de práctica todos los días hasta que se de cuenta de su bienestar. No sea perfeccionista, ya que nadie se siente 100% seguro, pero concéntrece en el progreso a medida que continúa mejorando. Tiene derecho a tener confianza.

Capítulo 15: Filosofía Estoica y Sabiduría Antigua en el Mundo Moderno

La filosofía estoica es una escuela de pensamiento diferente de otras escuelas porque enseña sabiduría práctica. Su filosofía está anclada en las acciones. La creencia de los estoicos es que la aplicación es el fin, mientras que el debate y el pensamiento son solo un medio para ese fin. La enseñanza estoica del autocontrol, la virtud y la tolerancia ha sido una gran fuente de inspiración tanto para los pensadores como para los líderes durante muchos siglos. Creen en cuatro virtudes cardinales que conducen a la felicidad y la realización en la vida. Estos son coraje, sabiduría, temperamento y justicia. Ahora la cuestión es que debemos practicar estas virtudes en nuestro mundo moderno para vivir con confianza, satisfacción y felicidad.

Esforzarse por Mejorar

Los estoicos creen que el cambio es constante. Muchos cambios están sucediendo en el mundo hoy, más que en cualquier otro momento de la historia. Las soluciones de ayer pueden no funcionar para los problemas de hoy. Pero estos principios estoicos son eternos. Trabajan todo el tiempo. Pueden ayudarnos a aprender a cambiar con los tiempos y seguir aprendiendo cosas nuevas a medida que el mundo cambia. El nuevo conocimiento nos ayudará a ver oportunidades en lugar de quejarnos de los desafíos.

Enfretar el Mundo Tal Como Es

Para enfrentar la vida con confianza, debemos aprender a conocer el mundo tal como es. Los estoicos creen que deberíamos aprender a apreciar el mundo tal como es, en lugar de debatir durante años sobre cómo debería ser. No hay nada malo en tratar de pensar fuera de la caja y traer cambios, pero eso solo puede hacerse después de que primero hayamos apreciado nuestro mundo y aceptado nuestro lugar en él.

No se Preocupe Por lo que Está Fuera de Su Control

Usted está en el aeropuerto. La administración anuncia que el próximo vuelo ha sido cancelado porque el clima no es propicio. Empieza a gritarle a cada trabajador de una aerolínea que encuentre. ¿Qué bien le hará eso? Usted solo se desgastará con un estrés innecesario. ¿Quién es responsable de eso? Usted no tiene control sobre el clima. Los estoicos nos enseñan a preocuparnos solo por lo que está bajo nuestro control y dirigir todos nuestros recursos hacia él. Preocuparse por lo que no podemos controlar no resuelve nada. Esto es importante si queremos vivir felices en nuestro mundo moderno.

Lleve un Diario

En nuestro mundo moderno, necesitamos la autorreflexión más que nunca. Deberíamos aprender a documentar nuestras vidas para poder monitorear nuestros logros al registrar nuestras ideas, planes y objetivos. Tomar tiempo para reflexionar sobre nuestro progreso, logros, éxitos y fracasos nos ayudará a tener mejores ideas sobre cómo vivir felices en nuestro mundo moderno, que está cambiando muy rápidamente. Los estoicos lo sabían, y es por eso que nos aconsejan reflexionar sobre nuestras actividades diarias cada vez antes de ir a dormir.

Capítulo 16: Las Cuatro Virtudes Cardinales

Las virtudes cardinales son las cualidades morales esenciales que una persona necesita para llevar una vida recta. Una persona con virtudes cardinales actúa correctamente en todos los aspectos de su vida porque tiene un alto autocontrol. Las virtudes también están en línea con la escritura.

Sabiduría

También se llama virtud de la prudencia. Se dice que es la madre o la fuente de todas las otras virtudes que siguen. Esta es la primera virtud porque, como su nombre lo indica, se trata de la comprensión y la inteligencia humana. Esta virtud implica que una persona entienda las cosas correctas que hacer y realmente las haga. Mediante el uso de esta virtud, todos los seres humanos tienen la capacidad de decir qué es lo que hay que hacer y qué no hacer. Cuando alguien elige lo incorrecto sobre lo correcto, simplemente ignora la virtud de la sabiduría. Sin embargo, esto no significa una condena para las personas que hacen algo malo, ya que a veces los errores son genuinos. Por lo tanto, requiere buscar las opiniones y consejos de otros antes de tomar decisiones sobre cosas de las que no está seguro. Algunas personas son muy buenas para decirles lo correcto de lo incorrecto, y esas son las personas que deberían ser ordenadas para recibir ayuda. Cuando usted ignora su prudencia y a los demás, es simplemente imprudente. No se pueden practicar las otras virtudes cuando carecen de prudencia porque no tienen sabiduría para determinar y seguir. La sabiduría le mostrará a alguien los efectos de hacer algo y las consecuencias de no seguir las cosas.

Justicia

Esta es la segunda virtud cardinal, y viene en segundo lugar porque se trata de la fuerza de voluntad de una persona. La fuerza de voluntad para hacer lo que es correcto para nosotros y también para los demás. Para darle a otra persona lo que es legítimamente suyo, necesitamos tener la fuerza de voluntad para hacerlo. De lo contrario, uno puede ser consciente de cómo hacer lo correcto, pero no lo hace porque carecen de la fuerza de voluntad para ejercer la justicia. Al hacer lo correcto a los demás o ejercer justicia sobre los demás, nada debe detenernos. No importa cuánto nos disguste la persona o cuánto esté por debajo de nuestra clase, lo que es legítimamente suyo se les debe otorgar. Si alguien se convirtió en su enemigo después de darle dinero, como persona que ejerce la justicia, debes devolverle el dinero. Esto se debe a que la enemistad no tiene nada que ver con la justicia que eres, según ellos. La justicia está dando positivamente a alguien lo que se merece, sin importar cuán indefensa sea la otra persona. Cuando a alguien se le niega la justicia, se le llama injusticia. Se le ha negado a la persona lo que se merece, incluso cuando tiene el derecho legal de hacerlo. Incluso cuando alguien no está obligado por la ley a hacer lo correcto, el consciente le dirá a alguien lo que es correcto. Por esta razón, incluso aquellos que se sienten por encima de la ley deben practicar la justicia. Esto se debe a que los instintos naturales de la justicia están dentro de cada uno de nosotros.

Coraje

Esto también se conoce como fortaleza y es la tercera virtud cardinal. Esta virtud trata con el coraje de conquistar cualquier tipo de miedo y ser firmes en nuestra fuerza de voluntad. Cuando nos deshacemos del miedo, podemos enfrentar cualquier dificultad en la vida. Sin embargo, tener coraje no significa que una persona deba buscar problemas para demostrar que es valiente. Simplemente significa que cuando el peligro viene después de nosotros, tenemos la fuerza de voluntad para enfrentarlo en lugar de escapar. Por lo tanto, las virtudes de la sabiduría y la justicia nos dan la capacidad de decir lo correcto y lo incorrecto y cómo ejercerlas. El coraje nos da la fuerza y la fuerza de voluntad para implementar las otras dos virtudes. Sin coraje, uno tiene sabiduría y sabe lo que es correcto hacer, pero carece de las agallas para actualizarlo. Este es un don del Espíritu Santo como creen los cristianos. No todos están dotados de coraje. El coraje hará que un hombre poderoso respete a un hombre muy común porque tienen el coraje que los ayuda a darse cuenta de que no los debilitará haciendo lo correcto.

Templanza

También se llama autocontrol o virtud de moderación. Fortalece la virtud coraje. Esto se debe a que el coraje ayuda a hacer cualquier cosa sin miedo. Sin embargo, sin autocontrol, uno puede terminar haciendo las cosas equivocadas pensando como un alarde de coraje. Ayuda a una persona a dejar de lado sus propios deseos personales cuando hay una razón mayor para ayudar a otros. Si una persona no tiene templanza, no se preocupa por los demás, solo hará lo que sea correcto para ella, y generalmente es egoísta. La templanza nos da la capacidad de equilibrar las cosas. Sí, nuestras necesidades son esenciales, pero si tener estas necesidades será perjudicial para los demás, la templanza nos frena. También es a través de la templanza que podemos negarnos a nosotros mismos de "demasiado" en las cosas porque demasiado puede ser dañino. La templanza establece los límites para nosotros; sin esta virtud, no hay límites en las cosas que hacemos. Ayuda a una persona a decir detenerse cuando ha tenido suficiente de algo, y es hora de detenerse. Por ejemplo, la comida es buena y un medio esencial para nuestra supervivencia, pero cuando comemos en exceso (atracones), se vuelve dañina. Si alguien tuviera algo que quisiera sin autocontrol, habría mucha destrucción. Habría mucha inmoralidad en la sociedad si las personas ignoraran la virtud de la templanza. También significa que las personas pueden usar drogas; sin embargo, quieren porque no se controlan a sí mismos. Sin autocontrol, la gente robaría y mataría a su antojo. Por lo tanto, es muy importante que no importa cuán poderosa sea una persona, ellos practican la templanza.

Sin embargo, las cuatro no son las únicas virtudes, sino que todas las demás que vienen después están de alguna manera conectadas con las cuatro. Sin embargo, sin siquiera agregar otras virtudes, la práctica de estas ayuda a las personas a coexistir con respeto y paz. Es esencial que todos hayan aprendido a practicar estas virtudes porque, a partir de esto, todas las demás serán fáciles de seguir.

Capítulo 17: Incorporación de la Filosofía Estoica en la Vida Cotidiana

El estoicismo es la capacidad de soltar cosas y situaciones que no están bajo nuestro control. La mayoría de las veces, queremos que las cosas salgan como las planeamos, y cuando no lo hacen, nos sentimos frustrados. El estoicismo nos ayuda a soltar esta carga de soltar cosas que no podemos controlar. El estoicismo da esperanza en nuestros momentos más desesperados, justo antes de hundirnos en la depresión por preocuparnos por cosas más allá de nosotros. Como seres humanos, siempre estamos tratando de hacer las cosas a nuestra manera, y esto nos da ansiedad por pensar demasiado. El mejor remedio para combatir esto es practicar el estoicismo sin importar cuán difícil y deprimente sea la situación. Ignorar el estoicismo solo causará dolor a alguien porque, al final, si está más allá de usted, no hay nada que pueda hacer al respecto.

Cómo Practicar el Estoicismo

Lo más importante es darse cuenta de las cosas y situaciones que puede controlar y saber lo que no es. Cuando sabe lo que está más allá de usted, le ayuda a no desperdiciar demasiada energía en algo más allá de sí mismo. Saber que algo está más allá lo prepara para cualquier resultado y, por lo tanto, le permite evitar el estrés innecesario. Usted ayuda a su mente a darse cuenta de que el resultado puede no ser favorable y, por lo tanto, puede lidiar con cualquier problema. Cuando no establece lo que está más allá de usted, su mente sufre mucho estrés porque siente que uno es simplemente débil. Cada persona necesita saber que todos tienen algo más allá de ellos, no importa cuán fuertes, poderosos o ricos sean. Cambiar nuestras perspectivas sobre cosas que no podemos controlar nos protege de los daños que resultarían de la preocupación constante.

Deberíamos aprender a trabajar para mejorarnos a nosotros mismos. Saber cuáles son nuestros límites es bueno, pero no significa que nos relajemos o perdamos la esperanza. Algunas cosas nos superan, pero siempre hay algo que podemos mejorar en lo que no podemos controlar. Aprender a crecer en diferentes áreas es un principio estoico porque nos anima a seguir practicando en lugar de rendirnos. Sin embargo, la mejora no significa perfeccionar. No podemos perfeccionar algo más allá de nosotros, pero podemos mejorar eso si no nos rendimos, sino que seguimos practicando.

Un ejemplo de esto se daría en un aula configurada. Un estudiante puede ser muy pobre en matemáticas y ha hecho lo mejor que puede, incluyendo clases privadas para el mismo. El estoicismo dicta, en lugar de centrarse en él y estar deprimido porque puede conducir al fracaso en las otras materias, el estudiante debe trabajar en la mejora. Esto no significa que trabajen para ser los mejores en la clase de matemáticas, solo que no deberían dejar de intentarlo, especialmente en una clase obligatoria. La práctica puede llevarlos de un porcentaje pobre a uno mejor que cuenta mucho.

También debemos esforzarnos por vivir nuestras vidas exactamente de la manera en que la vida nos sucede. Esto significa encontrar algo por lo que estar agradecido en cada situación. A veces la vida será injusta, pero en lugar de estresarnos por esto, deberíamos aprovechar cada oportunidad para aprender de ella. Aceptar que no siempre podemos obtener lo que queremos nos da paz interior. El estoicismo también significa que aceptamos personas en nuestras vidas y tratamos de coexistir. Usted no puede cambiar a las personas; todos tenemos diferentes sentimientos, pensamientos e ideas. Deberíamos poder aceptarnos exactamente como son. Intentar cambiar a las personas solo le hará daño como persona. Una persona solo puede ser cambiada por sí misma. Sin embargo, si cambiamos nuestras actitudes hacia la forma en que reaccionamos hacia las personas, no estamos de acuerdo, esto es estoicismo.

Tomar medidas en lugar de rendirse es una práctica de estoicismo. El estoicismo significa que usted deja ir las cosas más allá de sí mismo, pero no significa que se siente y se relaje. No significa que deje de correr riesgos y comience a sentir pena por usted mismo. Las cosas no solo caen en su lugar; trabajamos duro para que las cosas sucedan. No puede controlar la situación, pero puede administrar sus acciones utilizando diferentes estrategias. Tal vez las cosas no están funcionando porque siempre las hace de la misma manera una y otra vez. Cambie la estrategia; es posible que no obtenga el resultado exacto que esperaba, pero obtendrá un resultado, bueno o malo. Es un resultado que debería ser una lección para usted. Aceptar que no tiene control no es suficiente, tiene que ir y tratar de hacer las cosas pero de acuerdo con los valores morales. No quiere tratar de competir con algo más allá de usted y terminar en problemas. Esto significa que todo lo que esté buscando está en línea con los valores cardinales para que esté protegido.

Practicar el estoicismo también significa que discernimos lo correcto y lo incorrecto y nos aseguramos de hacer lo correcto. Esto significa practicar las cuatro virtudes cardinales, que son la prudencia, la justicia, el coraje y la templanza. Cuando usted practica hacer lo correcto, significa que puede dar valor a todo lo que le rodea. La gente quiere ser rica; nadie quiere ser pobre. El estoicismo viene en el hecho de que se vive correctamente. No tiene que robar a la gente para que se haga rico. Una persona estoica trabajará duro y dejará que las riquezas les lleguen naturalmente. Sin embargo, alguien que no practica el estoicismo tomará la acción de robar, corrupción y todas las malas virtudes para adquirir riqueza. La forma en que reacciona ante una situación determinada determina el grado de estoicismo que practica. Una persona estoica siempre trata de seguir las virtudes y dejar que las cosas fluyan como deberían, pero la persona opuesta toma el poder en sus manos y trate de controlar todo.

Tome medidas de prevención para cualquier cosa que pueda salir mal. No puede controlar que su cuerpo nunca se enferme, pero hay algunas enfermedades que puede evitar. Tome vacunas preventivas para esas enfermedades. Esto se llama prevención de desgracias. Prevenir las desgracias significa tener siempre la mente preparada para cualquier desastre que pueda ocurrirle. Estar preparado ayuda a una persona a controlar sus emociones en eventos que no pueden controlar. Significa que está preparado para rendirse a los eventos pero que tiene el control de la felicidad. Estar preparado para las desgracias significa que los malos resultados no determinarán su alegría porque ya ha aceptado las consecuencias de antemano. Cuando usted está mentalmente preparado para que algo pueda suceder, entonces hace planes para un plan B o incluso un plan C. Esto significa que no ha puesto todos sus huevos en una canasta porque sabe que todos podrían romperse. Estar preparado para la desgracia no significa que estamos anticipando que sucedan cosas malas. Solo significa que estamos ignorando la probabilidad de que las cosas salgan mal. La razón por la cual las personas están tan abrumadas por las circunstancias de la vida es porque están atrapadas por sorpresa. No tener el control de las circunstancias no significa que no podamos protegernos de ningún daño que pueda ocurrirnos.

El estoicismo también alienta a que mantenga un registro de todos los acontecimientos del día. Un diario es esencial porque actúa como un recordatorio de cosas que probablemente olvidaremos. Tomamos decisiones en nuestras mentes para hacer algo o cambiar algo. Sin embargo, es muy fácil olvidar las cosas solo si pensamos en ellas. Al escribir sobre cosas en las que pretendemos trabajar, nos ayuda a controlarnos a nosotros mismos. Un diario también ayuda a alguien a ver su progreso desde donde comenzaron hasta donde están ahora. Un diario le permite obtener el patrón de cómo hace las cosas. Podría pensar que algo está más allá de usted porque sigue fallando. Luego, al usar el diario, se da cuenta de que ha estado usando la misma estrategia todo el tiempo. Por lo tanto, un diario lo ayudará a anotar los lugares en los que puede trabajar cambiar. Puede cambiar sus planes muy rápido incluso antes de los resultados finales debido a un patrón y una alerta a tiempo. Cuando estamos en el camino para mejorar algo, el diario nos da una rutina. Cuando haya establecido en qué practicar, debe seguir trabajando en ello.

Una rutina lo ayudará a no cambiar sus planes en el camino antes de que haya alcanzado su objetivo previsto. No podemos confiar plenamente en nosotros mismos para recordar todo; cada vez que aprendemos algo nuevo, siempre terminamos olvidando las cosas viejas. Sin embargo, si se grabó algo, será inolvidable porque aún puede leerlo. Un diario también nos ayuda a apreciarnos mejor. En lugar de ser demasiado duros con nosotros mismos, podemos mirar los diarios y ver las cosas que logramos. Algunas cosas que logramos fueron una vez demasiado difíciles para nosotros, pero si las cumplimos, entonces se nos recuerda que podemos lograr cualquier cosa. Por lo tanto, escribir un diario alienta a alguien a correr riesgos que nunca habrían considerado. Pero lo más importante, el diario nos ayuda a conocernos mejor. No solo nos ayuda a darnos cuenta de dónde fallamos, nos ayuda a comprender las estrategias que funcionan para nosotros, y también nos ayuda a ver los muchos obstáculos que hemos superado.

Capítulo 18: Creciendo Estoico (Educación Filosófica para el Carácter, la Persistencia y el Valor)

Se alienta a los padres y tutores a enseñar a los niños sobre filosofía en el hogar. Esto significa enseñar a los niños cómo manejar los obstáculos que puedan enfrentar en la vida, lo antes posible. Para que los padres hagan esto, deben ser conscientes de las virtudes reales que se espera que transmitan a sus hijos. El estoicismo dice que las virtudes son innatas; nacemos con la capacidad de distinguir lo correcto de lo incorrecto. Sin embargo, corresponde a los padres y tutores asegurarse de que los niños hagan lo correcto. Nuestra felicidad y satisfacción personal se obtienen cuando hacemos las cosas correctas en la vida y somos de buen carácter. Cuando se hace que los niños practiquen las virtudes, eventualmente se vuelven buenos y pueden controlarse a sí mismos cometiendo errores aleatorios y malas decisiones en la vida.

Sin embargo, no es suficiente que los padres enseñen a sus hijos y sean estrictos con ellos para hacer lo correcto. Los padres y tutores también deben practicar lo que predican. Esto significa que tienen que ser un ejemplo perfecto de lo que enseñan. Cuando se le dice a un niño que haga algo, es más probable que lo haga si observa a sus padres hacerlo. Esto no es presionar a los padres para que sean perfectos; simplemente significa ser real con su hijo. Hágale saber a su hijo que a veces también se equivoca, pero siempre se esfuerza por tener la razón. Permítales aprender a superar los diversos errores que cometen en la vida siendo un ejemplo. Enseñar al niño puede derivarse de las siguientes virtudes.

Justicia

Esto significa enseñarle a su hijo a ser justo y justo en todos sus actos. Por lo tanto, se debe enseñar a un niño a ser amable con los demás. Cuando son amables, sentirán por los demás cuando otros sientan dolor y necesiten ayuda. Cuando un niño es justo, significa que puede dejar a un lado sus intereses para ayudar a otros. Los niños a quienes no se les enseña esto son muy egoístas y no les importa el dolor que implican en otros niños. Un niño que solo está tratando de proteger a otros que no reciben un trato justo y que hacen todo lo posible para ser justos con los demás. El niño incluso está dispuesto a hacer todo lo posible para hacer felices a los demás ayudando cuando sea necesario. Solo un niño al que se le ha enseñado justicia puede hacer todo esto.

Él Continúa Diciendo

En esto, se alienta a los padres a crear formas de hacer que el niño sea más caritativo y capaz de decir no a las cosas. Algunos niños generalmente obtienen todo lo que tienen y no se dan cuenta de que otros niños necesitados ni siquiera tienen lo básico. Enséñele a su hijo que esa cosa por la que llora no es tan importante como cree, y que puede prescindir de ella. Enseñe a su hijo a renunciar a los lujos y ayudar a los niños más desfavorecidos. Esto solo puede fomentarse exponiendo a los niños a situaciones que nunca han experimentado. Déjelos ir y ver a los niños sin hogar y ver cómo sobreviven. Lo más probable es que el niño no se de ningún lujo la próxima vez y pida que el dinero se use para ayudar a los niños sin hogar que vieron. En resumen, esto significa dejar que un niño tenga voz en los gestos amables porque ya saben que hay más personas que lo merecen. Se debe alentar al niño a que ayude más que a pedir cosas que tal vez no necesite.

Determinación

La virtud alienta a los padres a ayudar a sus hijos a obtener determinación, lo que básicamente es darle al niño el valor para hacer las cosas. Esto se puede lograr permitiendo que los niños ayuden en las tareas domésticas cuando aún son pequeños. Al ayudar, los niños adquieren habilidades para la vida como coraje, determinación y confianza para hacer varias cosas. Cuando están ayudando, aprenden sobre el trabajo duro y por qué la determinación es esencial para seguir presionando. Obtienen el cumplimiento una vez que terminan de ayudar, que es el resultado de la determinación.

Moderación

Esta virtud implica enseñar a los niños a ser moderados al hacer las cosas. Controlando sus emociones, controlando su alimentación y manejando todo literalmente antes de que se vuelva demasiado y dañino para ellos. Al igual que los adultos, los niños también han sentido que necesitan saber cómo manejarlo. Por lo tanto, es importante sentar a su hijo y hablar con ellos sobre sus berrinches. Hágales saber que está bien que se enojen, pero también es esencial que lo controlen. Enseñar a un niño a ser moderado en sus decisiones implica dejarle evaluar sus situaciones. Pregúnteles si creen que sus berrinches valieron la pena, y si creen que hay una mejor manera, habrían comunicado sus frustraciones. Esto ayudará a un niño a ver por sí mismo cómo habría sido moderado en sus emociones. Al comer, los niños no entienden por qué tienen que comer ciertos alimentos. Quieren comer solo cosas dulces. Se les debe enseñar por qué la moderación es buena para comer. Por qué es esencial para ellos comer de manera saludable y por qué es esencial no comer en exceso lo que quieran comer.

Sabiduría

Esta virtud ayuda a un niño a saber lo que está bien y lo que está mal, tener el juicio apropiado sobre las cosas y aceptar las cosas más allá de su control. Un padre puede ayudar al niño al sentarse con su hijo todos los días en la noche y analizar juntos el día del niño. Deje que el niño diga las cosas que piensa que hizo bien y las cosas que siente que hizo mal. Ayude al niño a saber qué habría hecho de manera diferente para que la próxima vez que se encuentre en una situación similar, pueda tomar mejores decisiones. Anime al niño si se siente impotente por cosas sobre las que no tenía control. Al hacer esto, está inculcando sabiduría en su hijo. Un niño podrá tomar mejores decisiones en el futuro e incluso podrá dejar las cosas más allá de su control.

Conclusión

El estoicismo es muy importante en la sociedad; se puede atribuir a que es la razón por la que el mundo es pacífico. Es debido al estoicismo que las personas pueden coexistir. El estoicismo es muy fundamental para cada persona cuando nos enfrentamos a tiempos difíciles. Durante los tiempos difíciles, el estoicismo nos da la esperanza de despertar, desempolvarnos y seguir adelante. Se nos enseña a soltar las cosas que no podemos controlar. Sin estoicismo, todos nos hundiríamos en la depresión porque todos pasamos por tiempos difíciles. Las naciones lucharían entre sí porque no hay control, y un país puede ir tras otro a su antojo. Pero debido a que tenemos estoicismo, tenemos globalización. Las naciones con diferentes personas de diferentes culturas y colores se cuidan y se ayudan mutuamente. Es por eso que las naciones enviarán alimentos de ayuda a las naciones que están pasando por la guerra o la sequía. El estoicismo es también la razón por la cual las naciones aceptarán refugiados en sus países.

Es a través del estoicismo que aprendemos que nuestros fracasos no nos definen. Por lo tanto, en lugar de preocuparnos de que hayamos fallado, probamos diferentes estrategias. A través del estoicismo, aprendemos que todos tenemos debilidades, pero que tenemos la capacidad de superar nuestras deficiencias si practicamos el estoicismo. Aprendemos a ser reales con nosotros mismos, a perdonarnos por las cosas que hicimos mal.

Nuestros líderes solo pueden entregar a las personas si practican el estoicismo. Esto significa que anteponen los intereses de las personas a los suyos. La razón por la cual hemos aumentado la corrupción, la injusticia en los tribunales y la mayor inmoralidad es porque los líderes no practican el estoicismo. Como seres humanos racionales, podemos vivir pacíficamente con nuestros vecinos a pesar de que son demasiado diferentes a nosotros. Los aceptamos con todos sus defectos y miramos más allá de ellos porque entendemos que no podemos cambiarlos. También es a través del estoicismo que podemos evitar juzgar a las personas cuando hacen cosas con las que no estamos de acuerdo. Permitirles hacer lo que quieran, siempre y cuando no nos haga daño.

Es a través del estoicismo que hay tribunales de justicia. Esto es para ayudar a las personas que sienten que están siendo tratadas injustamente a obtener la justicia que merecen. Los infractores de la ley también están encarcelados para ayudar a corregirlos porque la sociedad les desea lo mejor. Sin castigar a los delincuentes, los tribunales no son justos con las víctimas.

El estoicismo nos ayuda a apreciar la vida. Dejamos de mirar situaciones y sentimos pena por nosotros mismos cuando las cosas no están funcionando. A través del estoicismo, podemos apreciar lo poco que tenemos y la capacidad que tenemos como individuos. Estar agradecido por todo, sin importar cómo la vida nos hace amar la vida y esperar días más brillantes. Como humanos, aprendemos a tener empatía por los demás, y también obtenemos la sabiduría para ayudarnos en la vida. El estoicismo es, por lo tanto, muy importante y debe ser practicado por todas las personas de la sociedad. Solo podemos entendernos como seres humanos si todos estamos dispuestos y decididos a practicar el estoicismo.

Finalmente, si encuentra este libro útil de alguna manera, ¡siempre se agradece una crítica honesta!

www.ingramcontent.com/pod-product-compliance
Lightning Source LLC
Chambersburg PA
CBHW070049120526
44589CB00034B/1681